经典 历史

U0676245

中国二十四朝
100座陵墓

李默 / 主编

广东旅游出版社
GUANGDONG TRAVEL & TOURISM PRESS
悦读书·悦旅行·悦享人生

中国·广州

图书在版编目（CIP）数据

中国二十四朝 100 座陵墓 / 李默主编 . — 广州 : 广东旅游出版社 , 2013.10（2024.11 重印）
ISBN 978-7-80766-650-9

Ⅰ . ①中… Ⅱ . ①李… Ⅲ . ①陵墓－中国－古代－通俗读物 Ⅳ . ① K928.76-49

中国版本图书馆 CIP 数据核字 (2013) 第 221446 号

出 版 人：刘志松
总 策 划：李　默
责任编辑：张晶晶
装帧设计：盛世书香工作室　腾飞文化
责任校对：李瑞苑
责任技编：冼志良

中国二十四朝 100 座陵墓
ZHONG GUO ER SHI SI CHAO 100 ZUO LING MU

广东旅游出版社出版发行
（广东省广州市荔湾区沙面北街 71 号首、二层）
邮编：510130
电话：020-87347732（总编室）020-87348887（销售热线）
投稿邮箱：2026542779@qq.com
印刷：三河市嵩川印刷有限公司
　　　（河北省廊坊市三河市杨庄镇肖庄子村）
开本：650×920mm　16 开
字数：105 千字
印张：10
版次：2013 年 10 月第 1 版
印次：2024 年 11 月第 3 次印刷
定价：45.80 元

出版者识

《经典历史》是一部全景式图文并茂记录中国文明历史的大书。出版者穷数年之力，会集各方力量——专家、学者、编辑、学术顾问们，在浩如烟海的历史档案、资料、著作中，探珍问宝，追寻中华文明在悠悠历史长河中的灿烂之光。此书的出版，凝聚了编撰者的心血，学术顾问们的智慧。尤其是李学勤先生，亲自动笔写下了序言，更增加了本书沉甸甸的分量。

中华文明的历史充满了辉煌与苦难，成就和挫折。它的历史无处不在，决定着我们中国人今天的思想和感情。当今的中国和中国人是中华文明的历史造就的，是中华文明的历史的延伸，也是它的一个组成部分，中华文明的历史之河奔流到现在。

中华文明是人类历史上最伟大的文明之一，是人类文明发展的主要构成。中华文明丰富、深刻、辉煌、博大，在人类文明中的骨干作用和领导作用人所共知。在人类文明的发源时期，中国就是四大古国之一，是地球上文化的策源地之一。在人类文明的早期，中华文明成为文明在东方的支柱，前后 200 年间，人类的汉帝国与罗马帝国这两只铁手攫住了地球。在欧洲进入中世纪的时候，中华文明更成为人类文明最主要的领导，它的文明统治东亚，传遍世界。进入近代，中华文明处于自身的重压和西方的欺凌下，但中国人民的斗争史和奋起精神是人类文明历史中不可缺少的一页。

五千年的中华文明为人类贡献出了从思想家孔子到科学技术的四大发明，从唐诗宋词到长城运河的伟大创造；贡献出了从诸子百家到宋明理学，从商周铜器到明清文学的深刻内涵；也贡献出了从五霸七强到三国纷争、从文景之治到十大武功的辉煌历史。中华文明的历史绚烂多彩，在人类文明的历史长河中永放光芒。

中华文明也是人类历史上最独特的文明，没有哪一个文明像中华文明这样持久，这样统一一致。世界上其他文明不但互相交错，其创造者也都与高加索人种有关，它们是姐妹文明。在人类历史中，只有中华文明才是独特的，它的创造者是中国土地上的中国人民，与其他任何地方的人民都没有关系，它的文化是统一一致的文化，可以不依赖于其他任何文明而生存，但中华文明也绝不是封闭的，它接受他人的文化，也承担自己对于人类的责任。

人类进入新世纪，中国的社会经济发展令世人瞩目。人们对于世界未来的政治和经济结构的估计无不以东亚和太平洋为中心，而尤以中国为重点。

经济起飞只是当代中国的一个方面，中国的精神文明建设尤为刻不容缓。如果中国要自觉地发展中华文明，要有意识地使中国的发展具有世界意义，就必须发展强有力的精神文化，这样才能使中华文明的发展进入一个新的阶段，才能形成中国和中华文明的全面现代化。

而中国的精神文化的发展植根于中华文明的伟大传统之中。进入近代之后，在西方文化的冲击下，对于中国文化的价值产生了大量的情绪化和激烈冲突的论调。"五四"运动"打倒孔家店"的口号具有冲破封建束缚的时代意义，对中国文化的发展有不容否认的正面意义，与文化虚无主义是完全不同的。文化虚无主义者否定中国传统文化，在现代化的旗帜下主张全盘西化；而复古主义则沉迷于中国文化的古董，走进反进步、反科学的泥潭。

历史的发展则超越了所有这些论点，产生这些论调的一百多年来的中国近代史已经结束。历史要求中国发展，要求中国走在全世界发展的前列。西化论和复古论都已过时，历史已经要求世界超越西方，中国可以承担起世界的命运，而中国的现实和世界的历史都说明，中国的使命在于它的发展前进，而非倒退。

中华文明走出迷惘的时代，我们这一代处在一个伟大而具有挑战的历史阶段。

总结历史、展望未来，这就是《经典历史》的意义和使命。我们创作《经典历史》，力求总结和回顾中华文明的全貌，在内容和形式上都开创一个新的局面。在内容结构上，既具有一定的深度，又具有相当的广博性，既有严谨、准确的学术价值，又有活泼、流畅的可读性。本丛书内容纳了中华文明的各个方面，使它综合了大规模学术著作的系统性、严密性和普及读物的全面性、简易性，它既可作为大型工具书检索中华文明的各个成分，又可作为通俗的读物进行浏览。

我们从上世纪 90 年代初起就开始思考中华文明的历史和现实问题，并逐渐形成了编著《经典历史》的设想。在开展这项庞大的文化工程之始，我们就聘请了国内权威学者李学勤、罗哲文、俞伟超、曾宪通、彭卿云诸先生担任学术顾问，他们对计划作了充分讨论，并审阅了大量初稿。我们聘请了广州、香港地区的社会科学学者、大学教师、研究生以及我社编辑人员几十人担任稿件的撰写工作。

通过创作这部书，我们深深地感受到了中华文明的博大精深，也感受到了它的内在缺陷。中华文明具有辉煌的时期，也有苦难的年代，有它灿烂的成就，也有其不足的方面。中华文明在自身中能够吸取充分的经验和教训，就能够使自身健康壮大，成长发展。

通过创作这部书，我们也深深感受到了出版事业的使命和重任。我们希望这部书能受到广大读者的喜爱，起到它所应当起的作用，为中华文明的反省、前进和奋起作一点贡献。

目　录

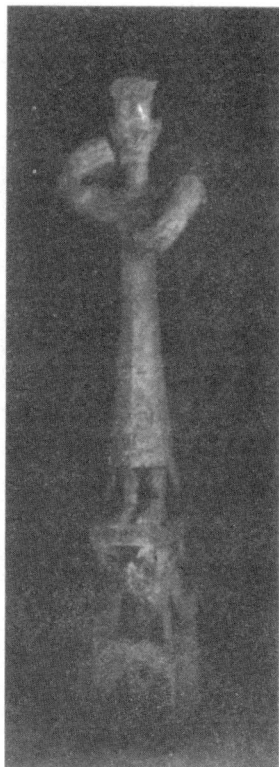

妇好逝世·下葬殷墟

妇好是商王武丁60多位妻子中的一位，即祖庚、祖甲的母辈"母辛"，生活于前12世纪前半叶武丁重整商王朝时期，是我国最早的女政治家和军事家。据甲骨卜辞记载，妇好曾多次主持各种类型和名目的祭祀和占卜活动，利用神权为商王朝统治服务。此外，妇好还多次受武丁派遣带兵打仗，北讨土方族，东南攻伐夷国，西南打败巴军，为商王朝拓展疆土立下汗马功劳。武丁对她十分宠爱，授予她独立的封邑，并经常向鬼神祈祷她健康长寿。然而，妇好还是先于武丁辞世。武丁十分痛心，把她葬在今河南安阳小屯村西北约100米处。

妇好墓是1976年由中国科学院考古研究所进行发掘的，也是目前唯一一座能与殷商甲骨文相印证而确定其年代和墓主身份的商代奴隶主贵族墓葬，同时也是殷墟发掘50年来唯一未经扰动保存完整的商王室墓葬。墓塘呈长方形竖穴，南北长5.6米，东西宽4米，深8米。葬具为木椁和木棺，木椁长5米，宽约3.5米，高1.3米。木棺腐烂不堪，里面遗骸也已腐朽。16名奴隶被武丁杀死，成为妇好的殉葬品，反映了商代奴隶

妇好墓出土偶方彝

制社会阶级压迫的残酷性。

从妇好墓发现的遗物来看，各类随葬品多达1928件，其中许多是前所未有的艺术珍品。青铜器共460多件，重逾千斤，其中礼器210件，样式多种多样，有不少纹饰华丽的大件器物，造型最为奇特者当属偶方彝和三联甗。刻有"妇好"或"好"的礼器多达109件，占礼器总数一半以上。铸有"司母辛"铭文的铜器是一对大方鼎、一对带盖四足觥和一件带鋬方形圈足器。兵器之中当数四把铜钺最为瞩目，特别是其中两把有八九斤重，上刻"妇好"两字，表明妇好生前拥有很高的军事权力。另外，墓中出土的几面铜镜镜面平薄，直径分别为12.5厘米、11.7厘米和7.1厘米，表明中国使用铜镜的历史可以远溯到武丁时代。玉器共750多件，大部分都是软玉，具有较高的工艺水平，各种立体或浮雕的人物和动物像比例基本恰当，形态逼真、栩栩如生、线条流畅，表明当时造型艺术和琢玉技术达到较高的水平，堪称商代玉器中的精品，对研究古代动物的形象具有一定的价值。63件石器主要以大石岩、石灰岩为原料，有些石器上面雕刻虎、鸽、龟等各种动物形象，工艺较为精细，堪与玉

妇好墓出土象牙杯。通体雕刻精细的饕餮纹，并镶嵌绿松石，是古代象牙雕刻的杰作。

雕相媲美。560多件骨器中以笄为数最多。第一次完整出土的3件象牙杯制作十分精致，是罕见的瑰宝。11件陶器则对断定墓葬年代具有重要意义。此外，妇好墓中还发现了6800多枚海贝，这是商代的货币。

从发掘妇好墓的情况来看，武丁建造的妇好墓在现已发现的殷代大墓中是规格很高的一座墓葬，一方面反映妇好地位的显赫，另一方面也反映了武丁时期文化艺术上的杰出成就，对研究商王朝的社会经济也具有重要价值。

商代妇好墓保存精美玉刻

　　约前13世纪，商王武丁的配偶妇好去世，陪葬有许多精美的玉石雕刻。墓葬在1976年发掘于河南省安阳市小屯村西北，保存完好。其中所出玉器共755件，是商代玉器出土最多、最集中的，另有63件石器，47件宝石器。

　　玉器大多数由商王直接控制的制玉手工业作坊制作，少数由某些方国纳贡。玉材则多是来自新疆的软玉，其中以青玉最多，白玉、青白玉、黄玉、墨玉等次之。石器以大理石、石灰岩等为原料，宝石器是绿晶、玛瑙、绿松石、孔雀石4种材料加工制成。

　　妇好墓所出玉石雕刻种类很多，形态各异，展示了当时很高的制玉水平，如琮、圭、璧环类等礼玉，簋、盘两种玉雕，豆、瓿、觯、罍等石雕礼器；石磬类乐器；戈、矛、戚、钺、大刀等仪仗用玉制兵器；工具及生活用具，随身用发笄、耳玦、圆雕、浮雕等装饰品；杂器等。

　　这些玉石雕刻品中的人像是其中最重要的

妇好墓出土玉鹰

部分，是了解研究商代雕塑艺术、商代人种、服饰制度、阶级关系、生活情态等方面的宝贵资料。如腰插宽柄器玉人（编号371），高7厘米，身着交领有花纹长服，腰束宽带，圆箍状的颊束发、额装卷筒状物装饰，左腰后连一卷云形宽柄，服饰华贵，可能是奴隶主形象；与之相类的石人（编号

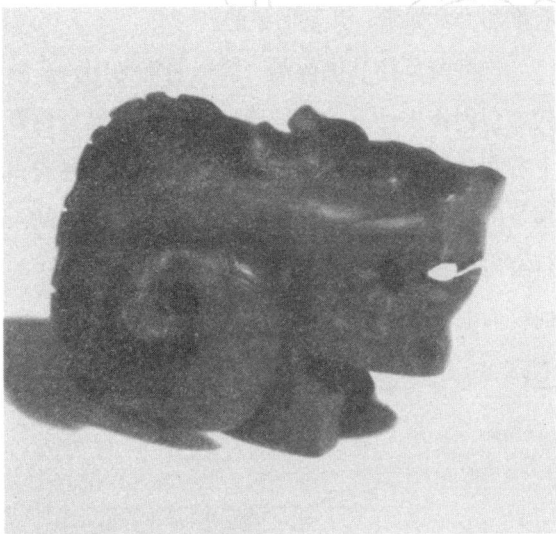

妇好墓出土玉龙

376），高9.5厘米，头上盘辫，以颊束发，全身赤裸，推测为男奴隶形象；还

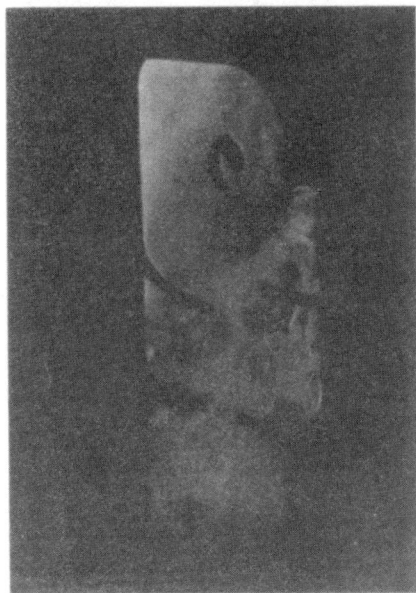

妇好墓出土玉龙与怪鸟

有推测为女奴隶、儿童形象的。

　　这些雕刻作品供佩戴、插嵌装饰而用，非独立的雕塑，但所反映出的商代雕塑创作中已具备较准确地掌握头部五官位置和身体比例，并能在小型器上有意放大头部的写实能力；注重发式、冠式和服饰等以显示人物不同社会地位的观察能力、表现能力等都是很有价值的。而其中人物面部无表情、双目突出的特点又正是当时流行的雕刻装饰手法的体现（这在许多青铜器的兽面纹饰中较普遍），具有明显的时代特色。

妇好墓出土玉人

三星堆青铜人像代表最早的蜀文化

距今 3000 余年前，蜀地先民创造了具有很高艺术价值的独立的青铜雕塑艺术品。1986 年在四川省广汉县三星堆蜀文化遗址出土了大量青铜人头像，反映了蜀文化的艺术成就及其地域特点。

三星堆遗址出土的商代大型青铜雕塑作品，以人物雕像最具特色。青铜人头像的大小与真人相当，共 10 余件，有贵族头像，也有奴隶形象。青铜人像都头戴冠帽、颈部有衣领等。面部均作夸张的表情，五官线条清晰有力，眼大，呈杏叶形，但没有表现眼珠。耳朵形如扁尖的扇子，耳垂有穿。

三星堆出土青铜头像。与真人头等大。

抵嘴，形容坚毅，冷峻。与中原地区出土的雕塑人像有很大的差别。其中有一具完整的全身铜像，高达 1.70 米，形象生动，服饰华丽。

小的青铜人像通高 15 厘米，双手抚于膝盖之上，作踞坐状，头上有冠，腰间束带。小型青铜人面相高 6.5 厘米，头部特征与人头形象相似，面部普遍呈扁阔状。

三星堆还出土有青铜方座大型立人像、人头像、人面像、人面罩及雕刻于其他器物上作为装饰的人头像。这些人像由不同的制作模型铸造，所以无一雷同，神态各异，精致优美，显示了不同人物的个性和身份。这说明当时的青铜铸造技术已十分成熟。

三星堆大型青铜雕像的发现，表明商周时期确实存在着独立的雕塑艺术品，并且具有高度的技艺水平和宏大的规模。如果我们将5000年前红山文化的大型陶塑，和2000多年前秦始皇陵的陶兵马联系起来，广汉青铜人像雕塑群正是中国雕塑史长链中的一个承上启下的环节。

三星堆青铜雕像反映了3000年前巴蜀地区青铜文化的艺术成就。三星堆遗址是时代最早、面积最大的蜀文化遗址，它的发现为研究古蜀文化提供了保贵的实物依据。巴蜀文化历史悠久，其主要民族是传说记载中的廪君蛮或廪君的后裔。蜀地农业发达，水利建设较早。历史上它与中原保持联系，其文化一方面受中原文化的影响，另一方面又具有本地的特色。三星堆铜器如实地刻划出古蜀民族的独特风格，与中原地区的雕塑作品相比，它在造型和纹饰加工方面都达到了较高的艺术水平。此外，巴蜀文化还创造了自己的象形文字——巴文。

三星堆出土青铜人面具

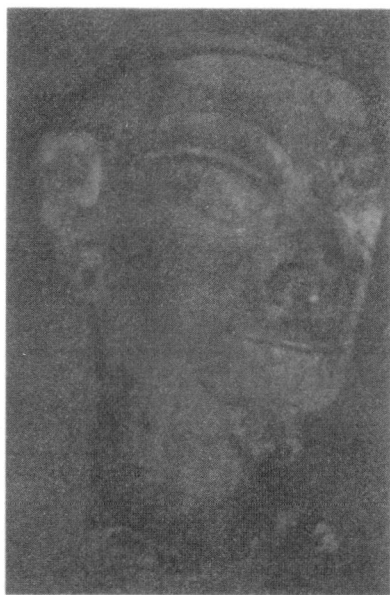

三星堆出土青铜头像。与真人头等大，古代蜀文化青铜雕塑重要代表性作品。

三星堆出土青铜人面具

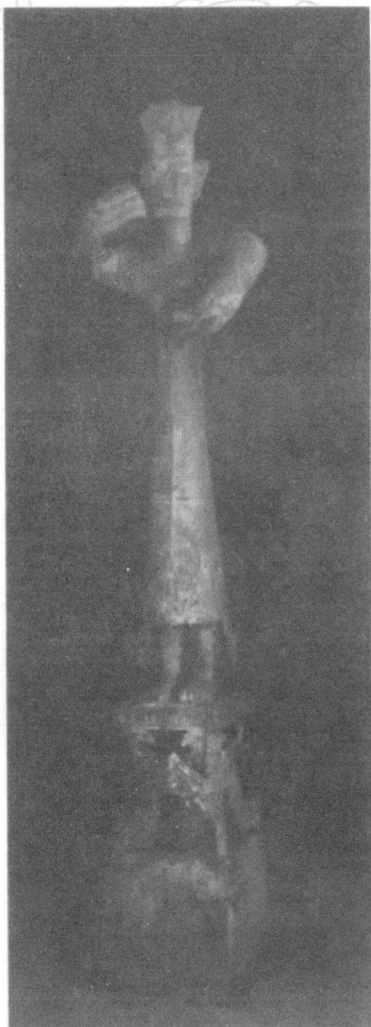

三星堆出土青铜人像

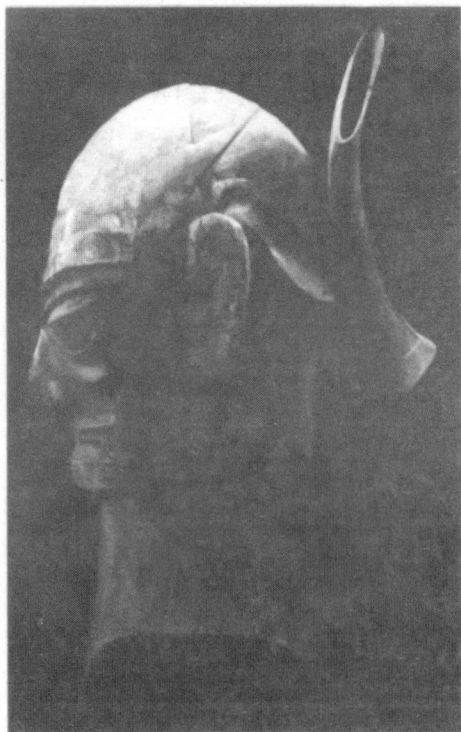

三星堆出土青铜人像

曾侯乙去世

周考王八年（前433年），曾侯乙去世。曾国是江汉地区的一个诸侯国，姬姓，是楚国附属，都城可能在随（今湖北随州）。1978年在随县擂鼓墩发掘了曾侯乙墓。墓内各类铜器，大多铸刻作器者"曾侯乙"。墓中有1件楚王奠祀曾侯的镈，作于前433年，该墓的年代可能在此年（或稍晚）。

曾侯乙墓出土文物非常丰富，共有青铜礼器、乐器、兵器、用器、马车器及金器、玉器、漆木器等计10000多件。青铜器种类繁杂，宏丽精美，总重量达10吨左右。其中有1套保存十分完好的编钟。钟架呈曲尺形，立柱上下层由6个佩剑的青铜武士和几根圆柱承托。钟架上悬挂总重量达3500多公斤的65个编钟。上层为钮钟，中、下层为甬钟。墓中的编磬4组32件，分上下两层悬挂在长2米多的铜质磬架上，架由2只鹤状怪兽支撑。编钟、钟架、编磬和木质磬匣上都有字数不等的铭文，总计4000字。铭文中详细记录该钟所属律名、阶名和变化音名，还记载了曾国和楚、晋等国律名的对应关系，反映了当时各诸侯国之间在文化艺术领域里相互交流的情况。用于演奏的全套5组甬钟，基调属现代的C大调，总音域跨至5个八度，只比钢琴的音域两端平均各少一个八度。经实验演奏，在旋宫转调的情况下，用这套编钟演奏古今中外多种乐曲，都音色优美，效果甚佳。除了编钟、编磬以外，曾侯乙墓还有4种不同形制的鼓，其中有罕见的铜盘座建鼓和铜立鹤架悬鼓。弹拨、吹奏类的丝竹乐器瑟、琴、横笛、排箫、笙等也有5种23件。

曾侯乙墓的青铜礼器保持了其在墓中的原放位置，排列有序，高低错落，真实地体现了作为国君的曾侯乙享用器物的组合情况，可以分析研究其以九鼎、八簋为中心的铜器组合的高级形式。墓中有140余件青铜礼器和用器，其中一件造型精巧、结构复杂的尊盘，其透空附饰部分是用蜡法铸造的，从而可知中国最迟是在战国早期开始掌握这种高超技艺的。墓中的古文字资料十分丰富，总字数在1万字以上，其中有达6600字的240多支竹简，记载了用于葬仪的车马兵器，有曾侯乙自己的，有楚国王公贵族赠送的，从而反映出曾与楚的关系非常密切。

在4500余件兵器中，有长达3.4米的三戈一矛同柲多戈戟，是新发现的古兵器。在一个漆箱上，保存有一幅写有"二十八宿"名称，当中绘北斗，两边绘青龙、白虎的天文图像，由此证明中国是世界上最早创立二十八宿体系的国家之一。曾侯乙墓从许多方面反映了曾国文化的高度发展。

曾侯乙墓的乐器

曾侯乙墓出土的乐器，种类之全，数量之多，是迄今所仅见的。它们的出土，对我国古代音乐史的研究，有着十分重要的意义。墓中首次发现了几种早已失传的乐器。在历史上，我国各族人民曾发明多种多样的乐器，随着岁月的流逝，由于某种原因，有的仅能在史籍

曾侯乙尊、盘

上见到它们的名字，有的甚至连名字都早已被人们遗忘，更不用说它们的形象了。曾侯乙墓出土的十弦琴、五弦琴、排箫和篪，就是这方面的几个实例，它们是失传多年的几种古老乐器。

曾侯乙墓的五弦琴，与长沙马王堆三号墓的七弦琴明显不同，与先秦时期名字叫"筑"的乐器相仿，然形体狭长，"岳山"低矮，实在不便"以竹击之"，是否是"筑"，值得研究，也许是一种失传已久、没被我们认识的乐器。排箫，也是我国很古老的一种乐器，《楚辞》称其名曰"参差"，曾侯乙墓出土的实物正是由13根参差不齐的小竹管并列缠缚而成。它的形象在汉代石刻、魏晋造像和隋唐壁画里还能见到，往后便消失了。篪，先秦古籍亦有记

载，《诗·小雅·何人斯》："伯氏吹埙，仲氏吹篪。"可见它也是我国很古老的一种乐器。它的形制特征，古籍中曾有记述。《尔雅·释乐》郭璞注："篪，以竹为之，长尺四寸，围三寸，一孔上出……横吹之。"可知它是一种似笛非笛的横吹竹管乐器。但在见到它的实物前，很难确知它的具体形制和演奏方法。曾侯乙墓的发掘，使这一古老乐器重新与世人见面，并依据它本身的形体，了解到了它的演奏方法。此外，曾侯乙墓出土的建鼓，是迄今见到的最早的建鼓。笙这种乐器虽然一直流传至今，但它们最早的形态，则是在曾侯乙墓里见到的。因此，这些乐器对我国古代乐史的研究，也很重要。钟、磬两种乐器，虽在曾侯乙墓发掘之前，在一些年代早于曾侯乙墓的古墓里已发现了许多，但像曾侯乙编钟那样有完好的钟架，钟体井然有序地悬挂其上，像曾侯乙编磬那样有精美的磬架，可以看出编磬的悬挂方式，则是前所未见的。这类资料也是人们在研究我国古代音乐史时早就盼望得到的。

曾侯乙尊

曾侯乙编钟的每件钟体都能发出两个乐音，这两个乐音间多呈三度谐和音程，很有规律；而且在钟体的正鼓和侧鼓都有标音铭文，只要准确地敲击其部位，就能发出所标明的乐音。这种一钟双音的现象，音乐家们前些年在研究西周钟时已有察觉，但有人怀疑，直到曾侯乙编钟出土，铭文并标明为双音才得以确认。曾侯乙编钟的音响和铭文充分证明一钟双音不是个别现

曾侯乙提链鼎

曾侯乙冰鉴。冰酒器。造型奇特，精美绝伦，为罕见的精品。方鉴与方尊缶之间有空隙，可置冰块，是古代的"冰箱"。

象，而是有意识地制造出来的，是一项了不起的创造！

曾侯乙乐器出土的编钟可以演奏五声乃至七声音阶结构的乐曲；经过复原的编磬也可以演奏七声音阶的乐曲；排箫刚出土时，有一件在只有七八个箫管能够发音的情况下，已达到六声音阶；复制的篪，按一般指法可奏出十个半音。这都说明，至迟在战国早期我国已出现七声音阶，是毫无疑义的。我国古代有自己独特的记音方法，用汉字记音，音名为宫、商、角、徵、羽

曾侯乙镶嵌龙凤纹壶

等。曾侯乙钟铭中有直到后世古籍才见到的、而被人们当作出现七声音阶的证据的"变宫""变徵"两个音名，可见七声音阶早已产生了。编钟十二个半音齐备，钟铭中且有十二个半音的名称；从编磬上亦有十二个半音的铭文来看，它原来也是具备十二个半音的。复原的编磬正是具备了十二个半音，而且音列体系已跨3个八度的音域，其中最高音竟达小字五组的C音。这样，先秦乐器可以旋宫转调也就是不言而喻的了。

关于我国古代十二律制的完整记载，最早见于《国语·周语》，名称为：黄钟、太簇、姑洗、蕤宾、夷则、无射、大吕、夹钟、仲吕、林钟、南吕、应钟。这些律名及顺序一直被后世承袭沿用，以至成为尽人皆知的传统

律制。曾侯乙钟铭出现的十二律及其异名共有 26 个，旧传十二律名在钟铭中已见八个（大吕、仲吕、林钟、南吕四个律名不见），它说明我国传统的十二律是经历了长期的发展而形成统一的律名的。曾侯乙钟铭是战国早期的作品，它所记述的十二律，当在春秋时期就已产生。那种认为中国音乐史上由三分损益法所产生的十二律，是在战国末年由希腊传来而稍稍汉化了的理论，是完全站不住脚的。曾侯乙钟铭表明近代乐理中的所有大、小，增、减各种音程概念和八度位置的概念，在它的标音体系里都有了，而且是完全采用了我国自己的、民族的表达方法。

　　曾侯乙编钟是迄今所见同类乐器中规模最宏伟者，同时又未失去原有的乐声。曾侯乙编钟出土后，为着研究的需要所进行的演奏表明：它的音色丰富优美，音域宽广，音列充实，音律较准。其音响已构成倍低、低、中、高四个色彩区。其音域自大字组的 C 至小字组的 d，共 5 个八度又一大二度。各层钟的基本骨干音可以构成七声音阶，各组甬钟的变化音互为补充，可在小字组的 g 至小字三组的 c 的范围内基本构成完整的半音阶序列。能演奏采用和声、复调以及转调手法的乐曲。前 5 世纪的乐器，竟具有如此水平和性能，不能不说是音乐史上的一大奇迹！

曾侯乙墓出土的楚国漆器

曾侯乙墓位于今湖北省随州城关镇西北郊擂鼓墩附近，是楚之附属国曾国国君之墓。曾侯乙墓出土了5012件楚国漆器，除去木扣子仍有230件，这是十分罕见的。漆器种类很多，计有箱、盒、豆、杯、杯形器、碗形穿孔器、桶、勺、禁、案、俎、几、架、鹿、透雕圆木器、藕节形器、梳、木片俑、小圆木饼、小圆木柱、玉首木杖、盖形弓器、长方形漆木杆、镰、扣子、棺等20多种，其中非常重要的即有内棺、漆豆、鸳鸯形盒、彩绘二十八宿图像漆箱、鹿、彩绘竹胎漆排箫等。内棺绘有直立如人的怪兽、持戈守卫的神兽，洋溢着神秘的楚风；漆豆造型独特，两耳雕镂繁密，豆身色彩、图案和谐，具有很高的艺术价值；彩绘二十八宿图像漆箱载有战国关于二十八宿全部名称的最早文字记录，弥足珍贵；漆木梅花鹿以整木雕成，鹿平首，前腿跪曲，后腿弯屈，呈卧伏状，头上插真鹿角，以黑漆为地，饰瓜子形圈点纹，生动逼

楚墓中的镇墓兽

真地展现了梅花鹿的形象。

　　曾侯乙墓出土的漆器时代早、数量大、品种多、器形大、风格古朴，比较全面地反映了楚国漆器风格与水平。

曾侯乙墓出土彩绘漆内棺绘画

秦始皇下葬骊山

秦王嬴政统一六国，成为中国第一个中央集权封建大帝国的皇帝，在位 36 年（前 246 年—前 210 年），死后葬于骊山北麓。

骊山园 缶秦量器

陕西临潼秦始皇陵，前210年建成。

　　始皇陵位于陕西临潼县东5公里的晏寨乡，南靠骊山，北临渭水，陵体平面呈长方形，底边东西345米，南北350米，高为43米，陵体四周有重墙相绕。分为内城和外城，内城周长2.5公里，外城周长约6公里，陵体位于内城正中偏南，除北面外，其余三面正对陵体中央设门。除整个陵体外，在陵北发现有大型寝殿和便殿的建筑群，陵西有烧窑、制石和堆放砖瓦材料及刑徒墓地，陵南为骊山，陵东为大型兵马俑坑。

　　始皇陵体基本沿用商以来的四出羡道木椁大墓形式，地面上的陵体高大方整，陵上种植草木，崇高若岭，予人一种庄重威严的感觉。自秦始皇陵起，奠定了中国封建帝王陵墓的以高为贵，以方为尊的总体格局。

　　自1974年起，在陵东开始挖掘出的闻名全世界的秦始皇兵马俑，数量大，类型多，形同真人大小且形态逼真，既反映了秦朝工匠的聪明才智及高超的艺术造诣，也揭示了始皇陵的规模宏大，劳民伤财（前后建37年，役使72万人力）与奢侈糜烂。兵马俑的出土也再现了当时秦军一统天下的强大军事实力。

震惊世界的第八奇迹：秦皇陵兵马俑

前 221 年，秦始皇建立秦朝。为了向后人炫耀他的歼灭六国，天下归一的盖世功勋，他在动工修建规模浩大的皇陵工程时，还修建了举世闻名的皇陵兵马俑坑。

兵马俑坑发现于 1974 年，有 1、2、3、4 号坑，均为规模巨大的土木结构建筑。

其中 4 号坑内是有坑无俑，可能是个未建成即被废弃的兵马俑坑。最大的是 1 号坑，平面长方形，面宽 9 间，四周绕以回廊，前有 5 个门道，总面积约 12600 平方米，6000 个兵马俑以及战车、步卒相间排列，呈长方形军阵；2 号坑总面积约 6000 平方米，内容为战车和骑、步兵混合编组的大型军阵；3 号坑面积最小，总面积约 520 平方米，有驷马漆绘的木质战车，和执殳的仪仗，象征军阵的指挥部。总之，从 1、2、3 号坑发掘的情况看，有武士俑 7000 个，驷马战车 100 余辆，战马 100 余匹。

兵马俑塑造了各种各样的秦军形象，有指挥官的将军，也

有一般武士的步兵、骑兵、车兵、弓弩手等。形体高大魁梧，一般均在1.75米左右，指挥官身高在1.95米以上。很多将士手中握着真正的青铜兵器。造型生动、形象、逼真。其面相多数表情刚毅，昂扬奋发。五官位置准确，富于质感。陶俑细部的雕塑颇费匠心。以俑的发髻为例，发髻雕塑质感甚强，不仅蓬松，且走向清楚，形象逼真。陶俑身上的甲衣，也雕塑颇细，每片甲片上的甲钉和甲片之间连接的甲带等，类型分明。这些细节的精确表现，有利于烘托秦军装备精良、纪律严明、斗志高昂的精神状态。

据研究，兵马俑的制作，是先用泥做好内胎，再上一层细泥，然后在细泥上雕塑出俑的五官、衣纹等细微部分。俑的头、手、躯干都是分别制作然

后组合，细部加工完以后，送入窑烧制，最后进行彩绘。彩绘的颜色有朱红、粉红、绿、粉绿、紫、蓝、中黄、橘黄、灰、褐、黑、白等。眉目、须发呈黑色，面目、手足涂朱红色。

陶马和真马一般大，用于骑兵的战马高约 1.72 米，体长 2.03 米，剪鬃，

备鞍，一看便知处于临战状态。驷马体形略小，筋骨起伏变化似真马一般。马头抬起，耳前倾、双目大睁、鼻孔翕张，体现出战马静中有动的状态。陶马的制作和陶俑一样精工。

战车多为木质结构，因年长而朽毁，但从残存的遗迹中也可以看出其大概来。

秦皇陵兵马俑群，是昔日秦王朝强大国力和军威的象征。它集中体现了我国古代劳动人民高超的烧陶技巧和智慧。为后人研究秦史提供了丰富的原始资料。

皇帝陵墓规制逐步完善

西汉皇帝陵是在秦代始皇陵的基础上发展起来的。由于社会稳定，经济发达，厚葬成风，全国上下对陵墓建造都十分重视，陵墓建筑得到全面发展，逐步形成完善的规制，并且自汉起，帝王墓被专称为"陵"。汉高皇后六年（前182年），长陵城修筑，这是陵邑建造的开始。长陵是汉第一座帝陵，长陵修陵邑可见当时的帝陵规制已十分完善。

北京大葆台一号汉墓墓室结构示意图

黄肠题凑墓。西汉广阳顷王刘建墓。位于北京丰台区郭公庄。黄肠题凑是封建帝王和诸侯王死后所享用的一种葬制。以黄柏木叠成墙，称为黄肠。柏木端头皆向内，叫题凑。

西汉皇帝都是自登基次年就开始营建寿陵。汉袭秦制，封土为方形平顶陵台，俗称"方上"，高达12丈，四周建土城，四面城墙正中开阙门，占地7顷，陵体高大，四方对称。地宫的地塘在方上之下，称"方中"，深13丈，是四出羡道土坑式木椁墓，被视为墓葬中最高等的形式。墓上覆盖高大的封土。在帝陵的西面建有后陵和陵园，还有婕妤及贵戚功臣的陪葬墓等，有的在陵园附近还建有宗庙和陵邑，形成庞大的帝陵建筑群。

在陵旁建宗庙的陵寝制度是仿效君主生前居所前有"朝"、后有"寝"而设立的，死后建庙像"朝"，藏神主；后建"寝"，藏衣冠及生前用具。秦始皇开始在墓侧建寝，西汉时庙建在陵园外，寝建在陵园内，所以陵园也称寝园，或将陵园与寝合称"陵寝"。东汉后，确立了以朝拜祭祀为主要内容的陵寝制度，同时废止为每一个祖先建立一庙的制度，把历代神主汇集到一个祖庙中。

陵邑一般修于陵东或北部，仿照长安城的布局设计。它的作用一是供奉陵园；二是迁徙关东大族、功臣家族、高资富人、豪杰兼并之家，强干弱枝，繁荣京畿地区的经济和文化。由于陵邑本身的特殊政治地位，加上中央对迁徙者赐田赠钱，各地官吏豪富争相迁居陵邑，形成一个政治、经济和文化素质都相当突出的地区。两汉时许多著名的政治家、文人、富豪都是出于陵邑。

西汉时帝陵虽已定制，每年全国赋税的 1/3 用于修陵，但因为各个皇帝在位时间长短不一，帝陵的大小也有不同。西汉最大的帝陵首推武帝的茂陵。茂陵方上为平顶方形陵台，上底边长东西 39.5 米，南北 35.5 米，下底边长东西 231 米，南北 234 米，高 46.5 米。茂陵屹立在关东平原上，更显高大端庄。四周有李夫人墓和卫青、霍去病等人的陪葬冢。西汉帝陵中最节俭的是文帝的霸陵，它凿山为室，不起封土，开创了固山为陵的先例。

东汉以后，提倡薄葬，帝陵的规模较以前缩小，陵体一般不及西汉帝陵的一半。四周不设垣墙，用"行马"代替，四面正中开阙门，称"司马门"，南司马门内，陵前设有祭台、石殿；门外神道两侧布置石人和石兽。有文献记载，在陵侧还建有圆寺、吏舍、寝殿和便殿等。现存东汉帝陵中，规模最大的是光武帝的原陵，陵体呈圆锥状，高 20 米，周长约 500 米，外绕方形垣墙，各面正中有门。汉代帝陵已形成以陵体为中心的平面布局形式，正南还接有简短的神道，使总体平面有了新发展。

汉代墓室早期多以土坑木椁为主，之后坚固耐久的砖石墓室逐渐代替了木椁墓。东汉时，为求陵墓安固久远，地上地下建筑材料大量采用砖石，使砖石结构的陵墓建筑得到发展。地下砖石墓室，前期多是简单的长方形平面，到后期，平面由前室、中室和后室三部分组成。有的还在前后左右设多个耳室，墓室增多，轮廓结构更为复杂多样。墓室顶部构造有板梁式、斜撑板、多边拱、筒形拱、叠涩覆斗藻井或穹窿顶等形式。砖石墓室又因装饰材料不同，有"画像砖墓"、"画像石墓"和"壁画墓"之分，这些雕刻和壁画，题材广泛，技法多变，数量浩大，反映了当时的社会生活及雕刻、绘画的水平，成为研究汉代历史的重要资料。

汉代陵墓地面建筑开始出现石像。据文献记载，人臣墓前有石羊、石虎、石人、石柱等，帝王陵前侧有石麒麟、石辟邪、石象、石马等，都是仿照死者生前的威仪而设。西汉名将霍去病墓冢的石雕群，是模拟他长年转战的祁连山而建，石雕种类繁多，造型古朴，技法简练，是西汉石雕中的精品。霍墓是中国陵墓建筑中首例出现石雕群的，有关帝王陵石雕的记载，仍未有完整实例。东汉以后，石雕和石建筑已广泛应用在陵墓建筑上，不少实物还遗留至今。

西汉帝陵，有9座建在长安城西北方、渭水北岸的平原上，只有文帝的"霸陵"和宣帝的"杜陵"在长安的东南郊。东汉帝陵除光武帝的"原陵"多认为在洛阳北面的孟津外，其他陵的位置尚难确定，估计大多在洛阳西、北的邙山上。此成为汉代帝陵规制日渐完善的物证。

马王堆汉墓帛画

　　汉代，厚葬之风盛行，随葬品丰富多样，其中包括帛画。马王堆汉墓的随葬帛画，都是覆盖在内棺上的彩绘帛画。帛画共 5 幅，其中 1 号墓 1 幅，3 号墓 4 幅，创作时间为西汉文帝（前 179 年—前 163 年）时期，是迄今发现的汉代最早的独幅绘画作品，是汉代美术的重要遗物。

西汉轪侯子墓帛画

1号墓帛画，为"T"字形，画面完整，形象清晰，自上而下基本分为三部分，描绘了天上、人间和地下各种景象。1号墓轪侯利仓妻子墓中有一幅：最下面是一个立在交身红鳞青色巨鱼身上的裸体力士，他双手用力向上托着代表大地的平板，象征地下，即"黄泉"的情景；中部一段则描拟人间，穿璧双龙体上有一个双豹卧于下的白色平台，一个老妇人拄杖前行，服饰华丽，身后和身前各有女婢和男子恭侍和跪迎，老妇人应该是墓中死者的形象；上部描绘天空，有应龙和双豹守卫阊阖门——天门，顶上是日、月、蛇身神人和升龙，在左边弯月下有一女子飞升，多半是代表死者灵魂升仙。3号墓出土的一幅帛画与此幅尺寸、形制、内容都相近。这两幅帛画以有序的层次展示了汉初人们观念中的宇宙图景，取自远古神话的大量形象和按照现实描绘的人与物构成天、地、人相沟通的世界。帛画是葬仪中用以表示招魂、导引后随葬的旌幡，又名为"非衣"。因而，画的主题是灵魂升天，画中人物（墓主人形象）正行进在通往"天国"的途中，天上日月并辉、明乐环响，龙、豹、翼鸟、玉璧等，都是吉祥、护佑的象征。发现于3号墓的另外三幅随葬帛画，描绘的内容是盛大的车马仪仗队场面，表示墓中人的生荣死哀，及其身份和显赫的家势。

西汉帛画车马仪仗图。全图表现出绘画表达能力已发展到一个新的阶段。

马王堆汉墓的随葬帛画，内容丰富，极富想象力；人物造型带有风俗画的性质，写实和装饰相结合，线描规整洒脱，色彩绚烂协调，显示了当时已相当高的艺术水平和织绣工艺的高超技术。这是我国绘画现实主义传统的发轫。

马王堆汉墓漆器代表汉代漆工艺水平

1972—1974年，在长沙马王堆出土的西汉初期长沙国丞相轪侯利仓及其家属的墓葬，有大量形制多样、工艺精巧、保存完好的漆器。这些漆器代表了汉代漆工艺的水平。

漆器是我国古代一项独创性发明，用漆树的分泌物漆醇涂饰器物而成。漆醇形成的漆膜对器物有保护作用，而且美观精致，经久耐用，作为饮食器皿，比青铜器更具优越性。故为汉代统治阶级所爱好，制作极盛。马王堆出土漆器共约500件，1号墓184件，15个品种，3号墓316件，12个品种，有盛放食物的鼎、盒、盘、盆，盛酒的钟、圆壶、方壶，生活用具几、案、屏风、卮林、耳杯，盥洗用具匜、沐盘，梳妆用具有方、圆奁盒等。其中漆耳杯占漆器总数的一半以上。

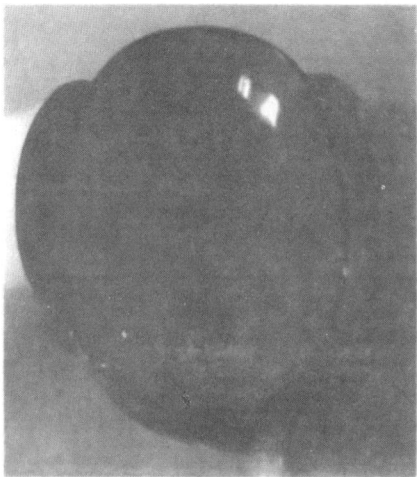

马王堆出土漆耳杯

漆器大部分是木胎，只有少数奁和卮是夹苎胎。木胎的制作有轮旋、割削和剜凿、卷制几种，不同器形分别采用不同的方法。夹苎胎先用木头或泥土制成器形，作为内模，然后用多层麻布或缯帛附于内模上，逐层涂漆，干实后，去掉内模，剩下夹苎胎，用的是脱胎法。漆器的装饰花纹多为漆绘的红、黑和灰绿等色。纹样则以几何纹为主，龙凤纹和草纹为辅。施花纹时有漆绘、油彩、针刻、金银箔贴等几种方法。漆绘用漆液加颜料在已涂漆的器物上描绘图案，色泽光亮，不易脱落；油彩用油汁调颜料绘描在已涂漆的器物上；针刻是用针尖在已涂漆的器物上刺刻花纹，有的刻缝中填入金彩，类似铜器上的金银错效果；金银箔贴是用金箔或银箔制成各种图纹，贴在漆面上，呈现"金银平脱"的效果。

　　軑侯在汉朝的公侯序列中极其微不足道，仅领有民户 700，和万户大侯相比，小得可怜，但作为第一代軑侯的利仓在汉初为相封侯前后只 8 年，墓葬中就置有几百件精美的漆器，造型完美，色彩绚丽，由此可窥见西汉髹漆工艺的一斑；保存得那样完好齐备，更是我们了解当时漆器工艺以及饮食日用制度习俗的宝贵资料。

《马王堆汉墓医书》

1973年底，湖南省长沙马王堆3号汉墓出土了大批帛书及竹木简牍。其中与医学有关的帛书共14种，合称《马王堆汉墓医书》。3号墓墓葬年代是汉文帝十二年（前168），根据书写字体考察，其抄写年代约在前4世纪末或前3世纪初。

《五十二病方》。长沙马王堆汉墓出土的《五十二病方》，是已知最早的医方专著，记载了52类疾病和291多个治疗药方，用药243种，而且已有了辨证施治的思想萌芽，反映当时的临床经验医学已发展到一定水平。

这批医书分别书写在大小不同的5张帛和200支竹木简（其中木简10支）上，出土时已有不同程度的残缺或损坏，后经拼缀修复及辨认研究，估计总字数3万字左右，可辨认字数约23000字。原书本无名，马王堆帛书整理小组根据内容分别定名为：《足臂十一脉灸经》、《阴阳十一脉灸经》甲本、《脉法》、《阴阳脉死候》、《五十二病方》（以上5种合为一卷帛书）、《却谷食气》、《阴阳十一脉灸经》乙本、《导引图》（以上3种合为一卷帛书）、《养生方》、《杂疗方》、《胎产书》（以上3种各为一卷帛书）。上述11种医书中，《阴阳十一脉灸经》有两本，文字基本相同，故帛书医书实为10种。竹木简医书共有4种，其中竹简医书有《十问》、《合阴阳》、《天下至道谈》3种，木简医书有《杂禁方》1种。

《足臂十一脉灸经》和《阴阳十一脉灸经》，

全面论述了人体十一条经脉的循行走向、所主疾病和灸法，为现知最早专论经脉的文献，被认是《灵枢·经脉》的祖本。《脉法》可辨识部分，主要记述运用砭法在脉上排泄脓血来治疗痈肿。《阴阳脉死候》是古代诊断学著作，讲述"五死"病候，与《灵枢·经脉》篇相近。估计著作年代应早于《内经》。

《五十二病方》是马王堆医书中内容最丰富的一种，也是我国已发现的最古医方。记载了52类疾病，包括内、外、妇、儿、五官等各科病症103种，其中70％以上是外科病，外科成就最为突出，可被看作当时的一部外科著作。该书首先介绍了16种外伤病症的治疗方法，用十分精炼的文字确切地表述了破伤风的病因和临床特征，反映了当时对这种病的认识水平，最能反映《五十二病方》外科成就的是书中对麻风病的发病机制和症状的具体、生动描述和对腹股沟斜疝的治疗技术。认为麻风病是由虫侵入人的机体，就像蝇嘧

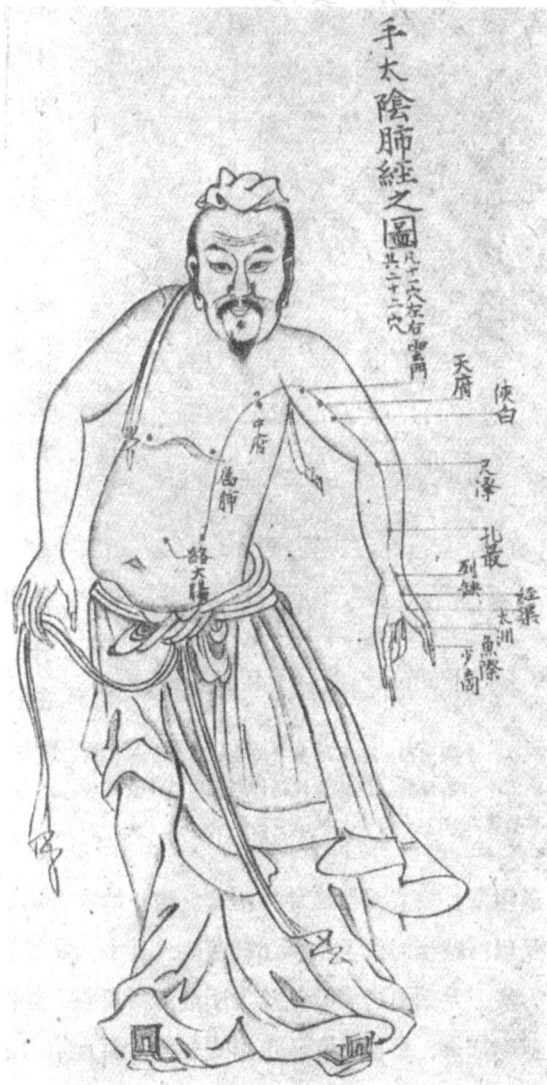

手太阴肺经。人体营卫之气运行的起始之经，平旦（寅时）人体营卫之气始出于手太阴肺经。

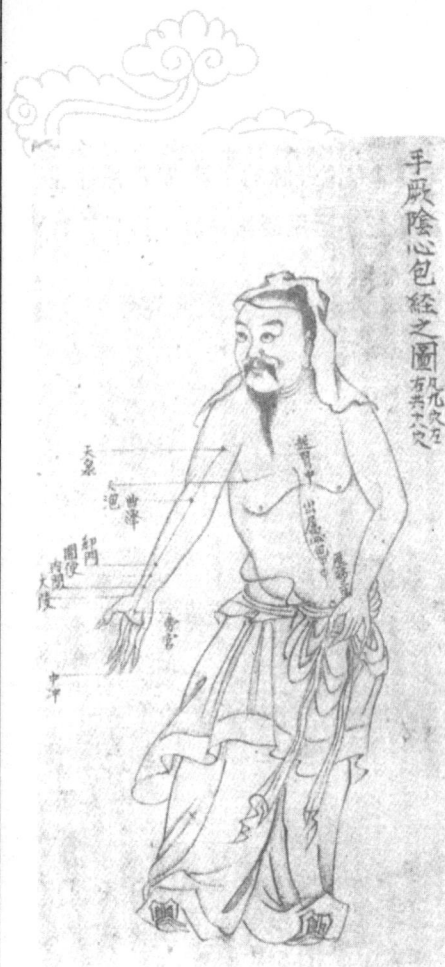

手厥阴心包经之图

手厥阴经。马王堆帛书《十一脉灸经》只载有十一条经脉。图为清代精钞本《凌门传授铜人针灸指穴》中的《手厥阴心包经图》。

食植物一样，发病没有定处，鼻、口腔、齿龈、手指处均可出现，能使人鼻缺、指断，用这种生动形象的比喻对其病因病机论述得十分深刻，反映了当时医学家对麻风病细致的临床观察和认识水平。腹股沟斜疝是儿童和体力劳动者的一种多发病，它由先天或后天因素造成腹膜鞘状突不能闭塞，当腹压增大时，腹腔内容物逐渐通过内环坠入阴囊而形成此病，《五十二病方》采用一种非常巧妙的疝内容物还纳法，实质上与现代疝气带、疝气罩十分相似，其手术治疗方法也非常高明，操作也很简便：先将睾丸向上推开，以免刺伤，再向下引拉疝突部位的皮肤，用砭针穿刺周边，再用药汁药膏涂抹并用火灸灼穿刺部位，这样内环局形将形成较大的瘢痕，使先天性或后天性孔道闭塞，腹股沟斜疝便可治愈。这一治疗方法是医学史上的一项重大创举，足以反映当时医家的高超技艺。《五十二病方》记载了多种外科疾病及治疗方法，尤其是以痔瘘治疗方法最丰富多彩，除内服、外敷药物和药汁熏蒸、药物烟熏，手术切除法也形式多样，而且技术最为娴熟，所创环切术与欧洲人怀特氏1877年所创痔瘘环切术相比，其高明的程度不得不令人瞩目！除了以上这些突出的外科成就以外，书中对许多外科病皮肤病等都列举了治疗药方，少则一二方，多则二三十方，共计291方，治疗内容也十分多样，包括药物、灸法、砭石、手术等等。

《却谷食气》是现存最早的气功文献之一，而《导引图》则是现存最早的导引图谱，描绘了 44 种表现各种导引姿势的彩图，每图均标有所治疾病或所模拟动物的名种。《胎产书》也是现知最早专论妇产科的医学文献，内容包括求子、养胎、产后处理等。其中"十月养胎"之说即后世"徐之才逐日养胎方"的祖本。《十问》、《天下至道谈》、《合阴阳》及《养生方》、《杂疗方》的主体部分属房中类医书。《杂禁方》、《养生方》和《杂疗方》的部分内容属巫术方。这些医学文献有很高的价值，值得我们倍加珍视。

光武倡导薄葬

东汉光武帝刘秀在位期间，始终提倡节俭。面对西汉末年日益兴盛的厚葬社会现象，他于建武七年（31年）曾下诏说："当今世上崇尚厚葬，鄙视薄葬，为此，有钱的人过分奢侈，穷人也财产竭尽。这种习俗，法令不能禁止，礼义说教也不能收效，只有等到天下丧乱时才能知道这种习俗的恶果，今天诏告天下，使臣民都明白薄葬的意义。"

刘秀反对铺张浪费，注意节俭，倡导葬礼从俭，这对久经战乱之后社会生产的恢复和发展，起到了积极作用。

二里头铜爵

　　商代前期二里头文化时期的青铜酒器铜爵，是中国已知最早的青铜容器。它于河南偃师二里头出土，迄今共发现 10 件，造型互有差异，表现出尚未定型的早期特征。但一般来讲，爵体截面呈橄榄形，属扁体爵，器壁较薄，束腰，平底，细锥足，流较长，多作狭槽形。尾较长，流尾倾斜度不大，流、口间多无柱，也有置短钉形柱的。鋬弧度较大，有的为镂空饰。鋬与一足在一直线上，其余二足在另一侧。素面无铭。

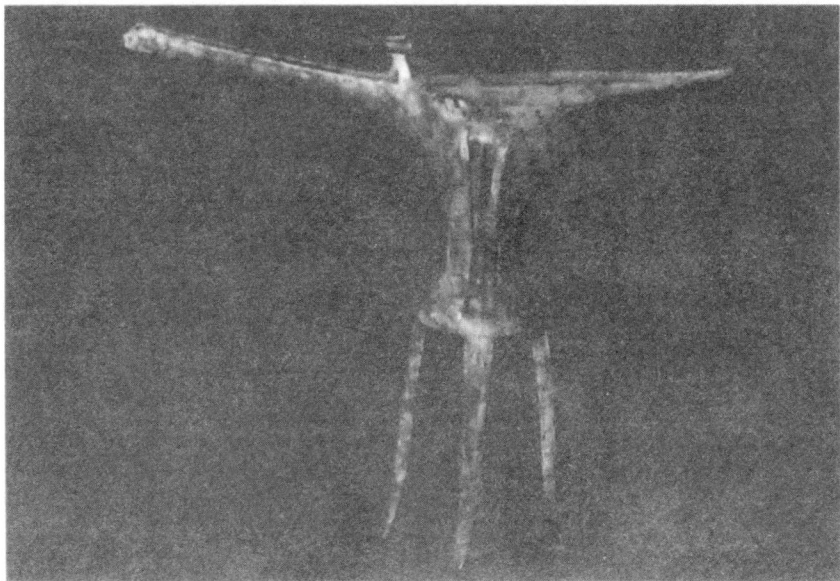

　　乳钉纹爵。二里头文化遗物，河南偃师二里头出土。乳钉纹爵是古人使用的一种酒器，也是中国最早的青铜器之一。

河南偃师商城遗址。位于今偃师城西南。学者认为此即商汤建立的"西亳"都城。图为商城一号建筑群中的四号宫殿。

比较典型的为1975年发现的河南偃师四角楼的一件铜爵，通高22.5厘米，流至尾长31.5厘米，造型挺拔、匀称，但较为单薄、纤弱。胎很薄，仅约0.1厘米，口沿周边隆起一道凸棱，起加固作用，流至口处有两个短柱。腹部一面有两道凸线，中间排列5个乳钉，算是纹饰。鋬较长，有两个镂孔。三足尖细，向外撑开，鋬下一足较长。足高流窄长，尾阔、末端尖锐，但重心稳定，没有同期其他爵头重脚轻之弊。

青铜爵在二里头起端后，主要流行于商代后期至西周中期，西周后期逐渐消失，它的造型为具有鲜明青铜器特征的艺术创造。商代后期，爵的造型渐趋成熟、圆满，比例协调，器身加高，短柱加长并后口部后移，爵腹部由方转圆或卵圆，三足成棱形尖锥体，纹饰华美，造型优美、挺拔。

周王室东迁·东周开始

周平王元年（前770年），犬戎之乱后的周都镐京残破狼藉，而且靠近西戎，于是新即位的周平王决定迁都，在晋文侯、秦襄公、郑武公、卫武公等诸侯的护送下，周王室东迁于雒邑（今河南洛阳），此后的周王朝就称为东周。东迁之后的周王朝迅速丧失了作为王室的权威，基本上不能再控制诸侯，其势力范围局限于以雒

春秋前期水兽面纹鼎。越青铜文化中仿铸中原产物。

为中心的方圆不过六百余里的区域，实力在中等诸侯之下。伴随着其政治、军事权威的丧失，以周王朝为标志的西周礼制、法制和文化制度迅速崩溃，诸侯不再听命于周天子，任意攻伐，中原陷于混战局面，以军事实力争取政治、经济利益成为政治的主要目的和手段。同时，礼崩乐坏，周王室不再能享有独占九鼎、巡狩天下的特权，而诸侯，甚至卿大夫超越本分冒用天子礼制的

春秋列国简图

事时有发生。

　　周礼制和政治统治在东周的崩溃迅速改变了中原政治和文化的格局，西周的专制、单调的政治结构结束，各种地方势力、各个阶层突破桎梏，竞相发展各自的势力，天子与诸侯之间、诸侯与大夫之间、父与子之间、兄与弟之间展开了激烈的斗争，各种势力都得到了发展，使中国的政治、经济面貌发生了很大变化。而礼崩乐坏也促进了文化的繁荣，一进入东周，西周青铜器铸造在样式、花纹、铭文格式、文字风格上的大致统一就被打破，出现各种地方风格，春秋战国文化迅速繁荣。

　　周王室东迁，东周的建立就是从西周政治和文化的专制、沉寂向春秋战国的政治和文化的自由、繁荣的过渡标志，而周王室的衰微也是这一转机的必要条件。

曾侯簠

　　曾侯簠共 4 行 26 字，是春秋早期姬姓的曾国（同时代还有一个姒姓的曾国）为叔姬所作的媵器，记录了春秋早期曾、黄、邛三国联姻的事实。曾国之女叔姬嫁与黄国，而邛国的芊姓女来媵，是西周宗族制在春秋早期的延续。

铭文

形成特色

春秋时期南方的青铜器如羊首鼎、龙形耳、涡纹鼎等与中原青铜器形式不同，但受南方大国楚国的文化影响。

羊首鼎为安徽寿县出土，羊首突出，双角下卷，颈腔与圆腹相连。腹上平盖后有尾下垂，腹下分立三个钩形扁足，尾饰简化夔纹，形制颇为新颖。龙形耳是尊，大口、广肩、鼓腹，两侧有特大的龙为把手，龙回首、张口、曲体，尾外卷，气势雄伟。肩部饰斜角雷纹，腹部饰横条沟纹，圈足饰雷纹，为越族地区的青铜器。涡纹鼎为湖南资兴旧市出土，鼎的形制保留西周的一些特点，但内聚的足则多见于春秋中叶。花纹中勾连形纹，是西周初一种夔纹的遗迹。此鼎与常见的楚鼎不同，是当地少数民族的作品。

夔龙纹鼎，饪食器。此鼎与同时期中原地区的青铜鼎有所不同，具有南方越族的地方特色。

青铜器

龙形耳（龙耳尊）

　　羊首鼎，鼎侧羊首突出，双角下卷，颈腔与圆腹相连。腹上的平盖后有尾下垂，腹下分立三个钩形扁足，尾饰简化夔纹，形制颇为新颖。与此鼎同出土的器群和江淮间古徐舒之地出土的器群相比，多有雷同之处，甚至疑为一模所出，应为同一族属的器物。颇具南方青铜器的特色。

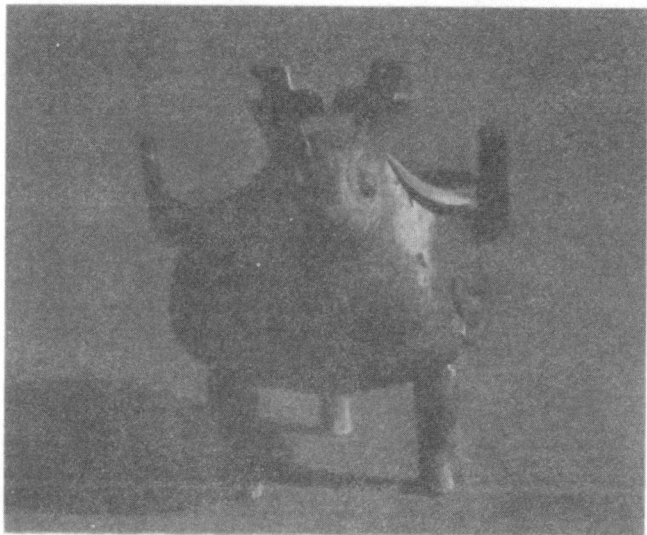

　　牺鼎，饪食器。此为觥与鼎的合体器物，在觥的本体上附加一对立耳，器连龙首，与觥盖连龙首不同，为当时新出现的形制。盖顶饰波曲纹，器前端作龙首，两侧饰蟠虺纹，中腹饰蟠虺纹带。此种形制奇特的青铜器在安徽江淮之间屡有出土。

　　凫尊，容酒器。通体为凫形，昂首伫立，蹼足短尾，背呈侈口尊。双足不稳，尾下另设一柱，形成三支点。此器比辽宁出土的凫尊粗精和拙巧颇不相同，是吴越青铜文化仿效西周之佳作。

晋国青铜器

晋国的青铜器，在美术和工艺上一直是比较先进的。晋姜鼎，器主是晋文侯的夫人晋姜，作于晋昭侯在位时期（前745年—前740年）。此鼎附耳、浅腹、折沿，腹饰波曲纹，是典型的春秋初期的风格。侯马曾是春秋时晋国的都城，侯马上马村13号墓出土有大量精美的晋国青铜器，共出器物180多件，组合为鼎、鬲、甗、敦、簠、铏、方壶、鉴、盘、匜等，并有编钟及石质的编磬以及戈、矛等武器，多为春秋中、晚期之交的青铜器。侯马窑址出土陶范多达3万余块，是研究晋国青铜器器类、风格和工艺的重要材料。其中属于早期的陶范纹饰较简素，以平面的蟠螭纹、绹纹为主，与晋公蠤上细密的平面蟠螭纹正相合。晋公蠤作于前537年，代表了春秋晚期的风格。晚期的陶范多有浮雕状纹饰，有的

钟。春秋乐器。

非常复杂富丽，与相传出土于河南辉县的一对赵孟壶和一对智君子鉴上的纹饰风格相同。赵孟壶铭文记与吴王会于黄池，事在前482年。智君子鉴上的浮雕状纹饰比赵孟壶更为发达，时代当更晚，铭文中的"智君子"可能就是前453年被韩、赵、魏所灭的智氏末一代智瑶。因此，这种浮雕状纹饰当起于前500年左右的春秋末期，盛行于战国前期。晋国青铜器铸作工艺在春秋列国中居于领先地位，侯马出土的陶范上的嵌错图像和浮雕状纹饰，显示了晋国青铜器铸作工艺的先进。

蟠龙纹方壶。春秋中期文物，山西省侯马市上马村出土。侯马曾是春秋时晋国都城，出土有大量精美的青铜器。

楚庄王卒

周定王十六年（前591年）楚庄王卒。

楚庄王，名侣，楚成王之子。周顷王五年（前614年）即位，即位三年，耽于娱乐，不理政事，后听伍举、苏从劝谏，开始罢淫乐，听政，诛恶进贤，楚国大治。前606年，楚庄王伐陆浑戎，到洛邑，观看士兵在周的疆城示威，并向周王使臣问九鼎的大小轻重，说楚只要汇集钩之喙，就可以铸成九鼎。前605年，楚灭掉强族若敖氏。前598年，楚庄王率诸侯军伐陈，杀陈大臣夏徵舒，以陈为楚县。后听了申叔臣劝谏才归还了陈地。前597年，楚围郑，攻了三个月，打败了郑，郑伯祖露上身牵着羊出来投降，请求讲和，楚庄王力排众议，亲自执旗麾军，退兵三十里，与郑讲和。之后，又大败前来救郑的晋军。

楚庄王是楚国最重要的君主，在位二十三年，虽然作为五霸之一，他的势力遭到以晋为首的中原诸侯的抵抗，未能控制中原，但是他控制了南中国，影响了中原。在他统治期间，楚国政治、军事、经济势力都达到顶峰，楚文化也发展成形。

秦公簋

秦国在春秋早期忙于巩固自己，无暇东顾，与东方各诸侯国交往不多。因此，秦国青铜器早期虽然也继承西周的风格，但由于长期独立发展，形成了自己的一套风格。其春秋时的代表有陕西宝鸡太公庙的秦公钟、镈，其中秦公钟是春秋早期

秦公簋。纹饰和字体都已具有秦国的典型风格。

秦的标准器；以及甘肃天水的秦公簋。

秦公簋盖有捉手，面饰瓦纹，缘以细密的勾连纹。器侧为饰兽首的耳，无垂珥。口沿下饰勾连纹带，腹为瓦纹。圈足饰波带纹。铭文计123字，另有刻款18字。

秦公簋与秦公钟、镈铭文接近，具有秦国的典型风格。铭文字体，继承西周晚期的虢季子白盘，成为独特的传统。

秦公簋铭文。簋盖及器身均作细小蟠螭纹，双耳上作兽首。盖54字，器身51字，共105字，字体与石鼓文颇相近，另外器盖均有秦汉间后刻铭文各8字，故知此簋在秦汉时曾被当作容器使用。并知其为西汉官物。此簋为秦景公时器，铭文每段字均由印模打就成。制作方法新颖，在古代青铜器中为仅见之例。开创了早期活字模之先河，故为重要。其铭文记载秦国建都在华夏地方，已继续了十二代，威名大震，秦景公继承其祖先功德，抚育万民，又有很好的武士和文臣，使自己永远保有四方。乃为其祖先歌功颂德，愿继续巩固其政治统治所作之器。

西周金文，字体一般均衡，笔画雄浑而端正，笔法整齐而凝重。自周室东迁之后，诸侯代之而兴，由诸侯葬器取代王室葬器的地位，可看出当时王室衰落的情形。这个时期的金文常有韵脚，字体优美，较诸西周文字，字体稍短而多变化。

蔡侯朱之缶

春秋时期蔡侯朱之器物。铭文一行五字，高40厘米。铭文为："蔡侯朱之缶"。意为蔡侯朱之盛酒浆青铜器。

蔡侯朱，蔡平侯之子，蔡平侯死后在位一年（前521年）被蔡灵侯的孙子东国攻打而逃亡于楚国。此器出土于楚国境内，可见蔡侯朱死于楚。

蔡侯朱盥缶，春秋盛水器。

蔡侯申鼎

蔡侯申鼎

春秋时期蔡昭侯申（前518年—前491年）所作食鼎于安徽省寿县蔡侯墓出土。共9件。盖及腹内铭文2行6字。最大高48.5厘米，口径36厘米。铭文为："蔡侯申之飤鼎。"意即蔡昭侯之煮食鼎。

鼎立耳外撇，束腰，平底，蹄足。口沿及腹下缘饰密点纹，腹中间饰一道弦纹，周围有六片云状扉棱。足上部饰兽面。出土时有一匕。

形制类似王子午鼎，但无盖，纹饰亦较简素，与同出蟠螭纹大鼎有区别。同出7件，尺寸递减，最大的高约52厘米，最小的高约42厘米。寿县西门蔡侯墓青铜器显然受楚国影响，鼎的形制是其明证。

蔡侯申蟠螭纹鼎

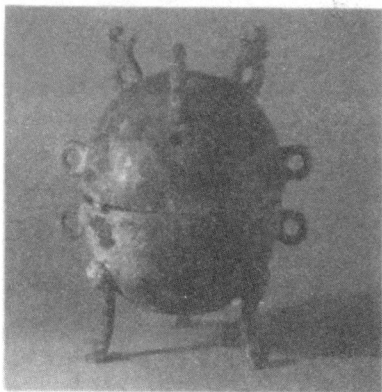

嵌红铜龙纹敦

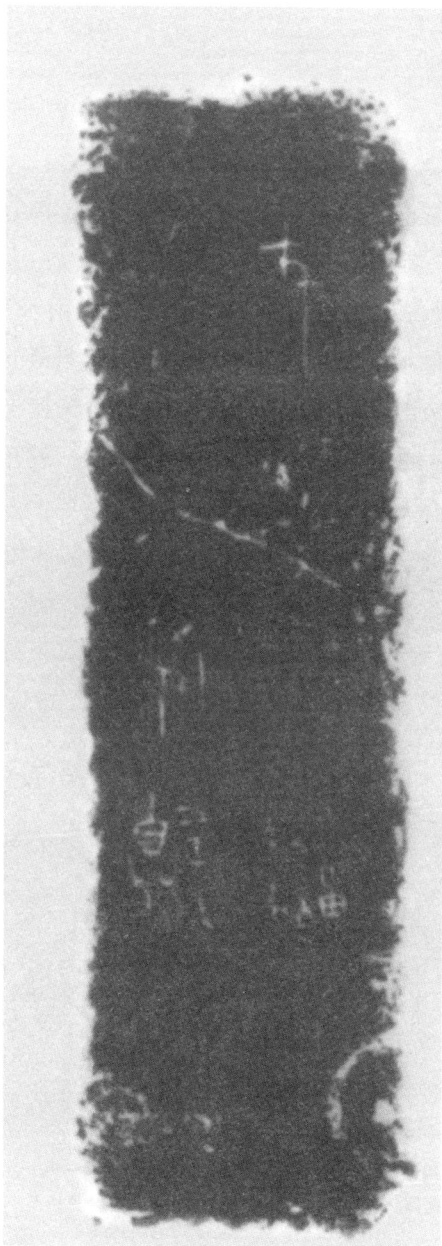

蔡侯申鼎铭文

勾践灭吴·夫差自杀

　　前494年，吴败越后，越王勾践卧薪尝胆，抚恤国民，寻机报仇。前482年，夫差在黄池（今河南封丘南）会集北方诸侯，把精锐部队带走，只留下老弱留守。越国趁机发兵五万多进攻吴国，大败吴军，杀吴王太子。夫差收到报告后，请人以厚礼向越请求和解。越王觉得现在还没有力量灭吴，就答

战国武士靴形钺。器作靴形，平刃，銎为椭圆形，銎侧有一环纽。正面一绳索圈内铸一人。在其左右有一些不知名图案。背面有六人。图案与纹饰具有春秋战国时期南方越族文化的鲜明特点。

应了请求。四年之后，越国更强大，而吴国因为连年征战，精锐人马多死在齐、晋，士兵和人民都十分疲惫。越王勾践率兵讨伐吴国，大败吴军于笠泽（今江苏苏州南）。前476年，越再次伐吴，越军围吴国三年，吴军被击败。越军将夫差困在姑苏山（今江苏苏州西南）。夫差派公孙雄肉袒膝行请求和解，而勾践不许。越灭吴后，越王勾践请吴王夫差到甬东（今浙江舟山岛普陀北）居住，并给他三百夫妇，使他可以终老，夫差拒而自杀，临死前遮住面，说无颜见伍子胥。

前473年，越灭吴后，勾践率兵北渡淮水，与齐、晋等诸侯会于徐州（今山东微山东北），向周进贡。周元王派人赐胙，并封勾践为伯。越成为当时大霸。

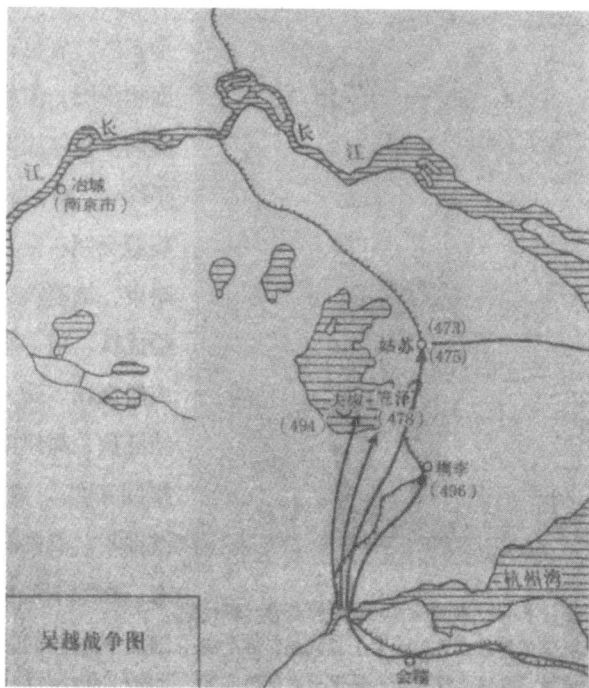

吴越战争图

战国木俑

战国持剑木俑。表现一名着战袍、持剑的武士。躯体系一整木雕成。双臂另雕成后装配。左手握剑柄，右手握剑鞘，身体微向前倾，双膝略现弯曲，表现出战士的临阵状态。雕刻手法简略、粗犷，而颇能传神。

战国时代的俑塑中，木俑是很重要的一类。木俑的代表作有漆绘木俑、彩绘木雕女俑和持剑木俑等。漆绘木俑先以木块雕出人体大形，然后着色、彩绘。此俑面相浑圆，溜肩，双手拢于胸前。俑体涂黑漆，面部与手涂红，眉、目以黑线勾出。衣着交领右衽，宽袖，袖口略束，饰菱纹边。胸、腹部绘成珠、璜、彩结、彩环等成组饰物。珠、璜白色，彩结红色，绳纽橙黄色。后背腰间束红、黄相间之三角纹锦带。衣襟间露出鲜艳内衣。彩绘木雕女俑以长木条削成。形体简括，

仅具人体大形和简单的结构关系。面貌、服饰皆为彩绘。鬌发整齐，削肩袖手，长袍右衽，秀眉朱唇。宽领缘，绕襟旋转而下，衣上绘黑红色云纹与小

簇花。持剑木俑系一整木雕成，表现一名着战袍、持长剑的武士。双臂另配，右掌已残。头部浅雕五官，眉弓长而刚健，眼角上挑，左手握剑柄，右手握剑鞘，身体向前微倾，双膝略屈。此俑雕刻手法简洁、粗犷，生动地表现了临阵武士的形象。

战国彩绘木雕女俑。俑体以长木条削成，形体简括，仅具轮廓大形和简单的结构关系。面貌、服饰皆为彩绘。鬓发整齐，削肩袖手，长袍右衽，秀眉朱唇。宽领缘，绕襟旋转而下，衣上绘黑红色云纹与小簇花。

嵌错宴乐水陆攻战纹铜壶

嵌错宴乐水陆攻战纹铜壶图案

嵌错宴乐水陆攻战纹铜壶是战国时期的青铜盛水或盛酒器。1965年四川成都百花潭出土。壶高40.6厘米，口径13.4厘米，底径14.2厘米。圆形盖上有三个鸭形钮，壶侈口斜肩，鼓腹圈足，肩上有对称衔环兽耳。壶身遍饰错红铜的图案花纹和内容丰富的图像，分为三层作横向展开，每层之间以斜角云纹二方连续的装饰带相间隔。

上层图像包括习射和采桑两方面内容。习射所表现的是东周贵族的礼仪活动。两人在屋内射箭，前面一人正引弓欲发，后面的人刚刚发射完毕，屋前的箭靶上已射中3箭，而其下方还有一组人正持弓箭鱼贯而来。下方的人实际上是处于前景位置，因平列画面难于表现前后景人物之间的透视关系，故处理成上下叠置的构图方式。表现屋内人物活动，则采用剖面画法。采桑的画面表现得相当优美，一组妇女提篮在林中采桑，有的攀坐于树上，人物之间动作相呼应。

中层图像包括宴乐和弋射两方面内容。宴乐活动描绘东周贵族钟鸣鼎食的生动场景。大屋中，两个佩剑着长服的人正举起瓠类的酒器相酬应，其后有人在温酒，屋外有人正相向而来。其前方有丁宁、编钟、编磬等乐器，一组乐人正在演奏。旁边还有人在鼎旁炊食。弋射，箭头有倒刺，箭尾系绳可以回收，画面上表现一群鸿雁正掠过长空，几名射手仰天而射，被射中的雁带箭坠地，箭尾绳在空中划出动感很强的波状线。

下层表现的是激烈的水陆攻战场面。攻城画面表现一群战士携盾持矛，爬云梯仰攻，有的被守军砍翻滚落下来，后继者仍继续进攻。在城墙上，双方战士也在激烈搏杀，水战部分表现两只战船相向交战，船上插着战旗。交战双方战士紧握长戈、戟，长距离格斗，而船头交战的战士已处于生死存亡的最后一击之时刻，两船的水手奋力划桨，跃入水中的战士正准备出其不意地攻击敌人。嵌错宴乐水陆攻战纹铜壶表现出战国时代美术家高超的艺术水平，在绘画技巧还不发达的条件下，他们充分发挥平面铺展的手法，使作品发挥出最大的表现力。

战国时代楚国的卜筮祭祷活动

进入春秋以来，卜筮祭祷活动在中国社会中的重要性明显降低，随着科学、文化的大规模发展和政治、经济、军事活动的全面活跃，卜筮祭祷等巫术活动在政治和社会活动中的影响越来越少，至战国秦汉已微乎其微。但这些活动依然存在，《左传》和《国语》就记载了很多，但一般则极少记录卜法和筮法的具体情况。战国时代楚墓出土竹简展示了楚人卜筮祭祷活动的情况。

楚人使用龟甲、蓍草以及其他一些东西进行卜筮，由一些职业性的贞人进行，称之为"贞"，可以卜筮并行。在卜筮时将日期、贞人、用具、问人、事由、判断、祷辞及事后占验记入竹简，在贞问时，还有移祝、说、鬼攻等活动，用以祭祷神灵，祈求降福。

在卜筮之外，还有专门的祭祷活动，有三种祷的方式，祭祀土神、路神、社、鬼、祖先等。

在战国时代，楚文化独树一帜，在很多方面与秦及中原不同，楚文化中又尤以鬼神巫术色彩为重，其文学、艺术都打上了它的烙印。楚国竹简显示了楚人卜筮祭祷活动的具体情况。

青铜礼器。在同类礼器中，此器的形制最为巨大。是研究战国时代楚文化的重要实物资料。

湖北包山和睡虎地出土漆器

　　湖北荆门包山楚墓和云梦睡虎地楚墓出土了大量的楚国漆器，其中最具特色和价值的有包山出土的彩绘龙凤纹漆内棺、彩绘漆奁（已专条介绍）、双连漆杯和睡虎地出土的双耳长盒、彩漆扁壶。

　　彩绘龙凤纹漆内棺为木胎，呈长方形盒状，长184厘米，宽46厘米，高46厘米，内髹红漆，外则以黑漆为地，用红、黄、金三色漆彩绘龙凤纹。盖面及两边墙版外的主体部分绘六单元龙凤图案，每单元绘四龙四凤。龙为一首双身，凤则展翅卷尾压于其上。整体图案为四方连续结构。头档板为两分打散结构的变形龙凤纹。足档板为四分打散结构的变形龙凤纹。盖面及两边墙板各有一对铜质铺首衔环，头档板中间有一个铺首衔环。全棺结构严谨，线条流畅，彩绘堂皇庄重。

　　双连漆杯由竹、木结合制成，呈一凤负双杯状，通长17.6厘米，通高9.2厘米，杯直径7厘米。前端为凤的头、腹部，后端尾上翘，中间并列两个竹

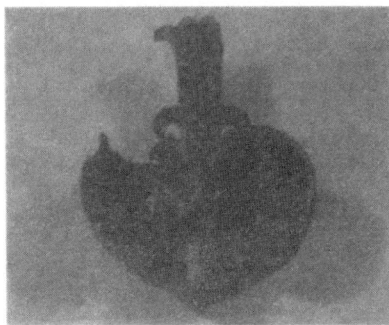

包山楚墓出土双连杯

包山楚墓出土龙纹带流杯

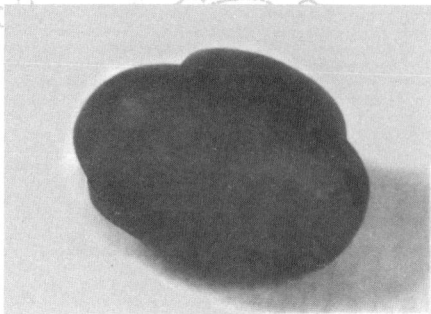

云梦睡虎地出土漆耳杯。汉耳杯，亦称
"羽觞"，饮酒器，外壁及双耳髹黑漆，上绘朱
红图案，杯内髹红漆。全器设计合理，结构严
谨，做工精细。

云梦睡虎地楚墓出土彩漆扁壶。壶腹上
绘飞鸟及奔马，给人以一种飞驰的运动美。

质筒形杯，近底部相连处用一竹管相通。凤首微昂，喙衔一珠，胸外鼓，下
有二足。两杯侧后各有一凤开屏形足。凤头、颈、身、尾遍布羽纹，双翼伸
展于两杯前壁。凤首、腹、翼八处嵌银。主凤之翅和两足凤之尾，以堆漆法
浮凸器身。杯内髹红漆，口部绘黄色二方连续勾连云纹。杯外髹黑漆地，用
红、黄、金三色彩绘，衔珠上绘六个红、黄相套的圆圈纹；凤身、尾、足绘
凤羽纹；杯上下各绘一周二方连续红、黄相间的垂直波浪纹；杯身绘二龙相
蟠，龙首相对。龙一首双身，身绘勾连纹间以点状太阳纹；杯底分别用红色

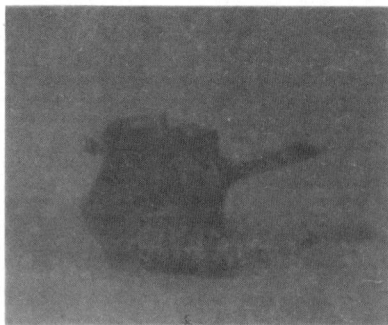

包山楚墓出土双连杯

云梦睡虎地楚墓出土双耳长盒。盒外
髹黑漆，绘红漆纹样。

绘二龙相蟠纹，间以变形卷云纹。整个杯子造型独特，彩绘精巧，具有极高艺术价值。双耳长盒由上下两部分组成，呈椭圆形状。盒外以黑漆为地，盒身以红漆彩绘纹样，盒的两端绘以近似眼睛的花纹，盒耳图案则近乎猪的嘴鼻。整个盒设色对比鲜明、图案和谐、线条明快，非常大方。彩漆扁壶壶身呈椭圆形，壶嘴为圆柱形，嘴上有盖，壶底则呈长方形，壶腹上彩绘飞鸟和奔马。整个壶静中含动，动静相宜。

秦代铜车马

1980 年，在陕西省临潼县秦始皇陵封土西侧出土秦始皇随葬的青铜车马模型。共出 2 乘，均为单辕双轮，4 马驾，1 驭官俑。以 1/2 比例模拟实物而作。其中 2 号铜车马通长 328.4 厘米，高 104.2 厘米；其中一条辔绳末端刻有"安车第一"字样，可知此车为安车；而位于 2 号车之前的 1 号车则为立车。两车形制相似。车舆分前、后室，驭官俑踑坐于前室，乘主坐后室。前室前、左、右三面有彩绘栏板。后室前方及左右两侧车上开有镂成菱花纹的窗。室后面开门。车盖呈椭圆形。车内外遍饰云气纹、夔

秦 2 号铜车马局部

秦2号铜车马。称为"安车"，车厢分前后室，前室为驭手乘坐驾车的地方，置跽坐姿势的高级御官俑一件。后室供主人乘坐，较为宽大，四周封闭，后面辟门，顶部有椭圆形车盖。

秦1号铜车马

纹、几何形纹彩绘等。车舆前悬一弩，左车厢前角立箭，盛箭 20 余支；右车厢边有一盾箙盛一盾。

驭官俑戴冠，着领缘绘有朱红菱形纹的右衽交襟长袍，腰间束带佩剑，面容圆润丰满，微含笑意。挺立执辔，笑中藏威，形象生动。

车、马、驭官俑的彩绘均以白色作基调，施以朱红、粉红、紫、蓝、绿、黑等颜色。图案花纹多作二方连续或四方连续，以菱形纹为主，辅以卷云纹、圆形、三角形等纹样。马具多为金银质，车饰多为银质。彩绘与金银质小型构件及装饰品相互配合，形成华丽、庄重、典雅的艺术效果。

铜车马制作技艺精湛，细部处理真实具体。如驭官俑的手部指关节、指甲，马的口腔细部，都很逼真，富于质感。车的轮、舆、衡、轭等及众多的附件都制作精美，以细铜丝绞结而成的缨络，柔韧而富有弹性。

铜车马共有零件 3462 件，其中金制零件 737 件，银制零件 983 件，制作不仅包括铸造和镶嵌技术，也包括锉、磨、冲、凿等金属加工技术以及焊接、铆接、铰链连接、销钉固定等连接技术，局部装配和总装配采用了高水平的组装工艺。表现出 2200 多年前中国劳动人民在金属制造和加工方面所具有的技术能力。

铜车马造型规整，装饰华丽，比较准确地再现了秦代车马出行的宏大气势。4 铜马比例匀称，膘肥体壮；马头微向外转，昂首张口，表现出整装待发的动感。是秦代造型艺术的精品，对研究秦代冶金技艺、宫廷舆服、车制及车舆制度具有重大的参考价值。原件现藏陕西省秦始皇兵马俑博物馆。

长安城建成

汉惠帝五年（前190年）九月，长安城建成。

汉都城长安的营建开始于汉高祖五年（前202年），当时以秦兴乐宫为基础，兴建了长乐宫作为皇宫，高祖七年（前200年）十月，长乐宫建成，刘邦自栎阳迁都长安，并在长乐宫中改行汉朝礼仪。此后又以秦章宫为基础兴建了未央宫，并在长乐宫和未央宫之间修筑了武库，另在长安东南修建了太仓。汉惠帝时开始修筑长安城。惠帝三年（前192年）春，征发长安附近600里内男女14.6万人修筑长安城，30日中止。六月，再次征发诸侯王、列侯有罪之刑徒、奴隶2万人筑建长安。五年春正月，又征发长安附近600里内男女14.5万人修建长安，30日后停工，同年九月，长安城建成。

长安城城墙又高又厚，雄伟壮观，规模空前。城墙高达8米，基底厚16米，土质纯净，逐层夯实。城墙四周共开城门12座。城内有9条主要街道干线互为经纬，正中纵横交叉的两条街道称

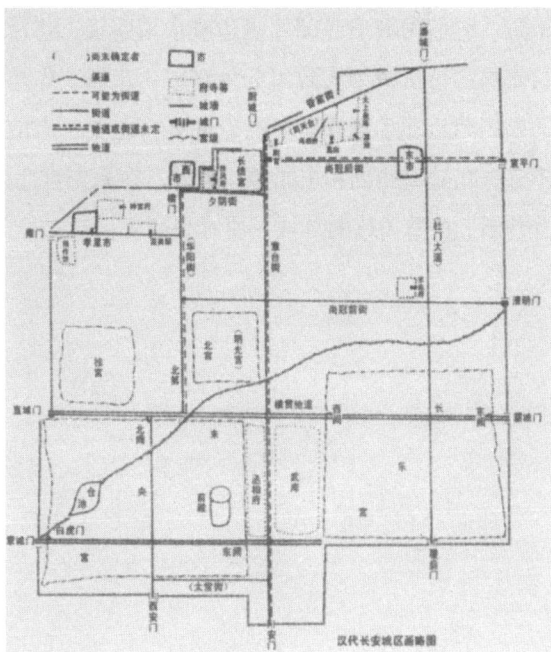

汉代长安城区图略图

为"驰道",属皇帝专用。长乐宫、未央宫处于城内南部。汉武帝时期,在城内又陆续兴建了桂宫、明光宫和城西的建章宫,在城郊开凿了昆明池,充实了上林苑中的宫观建筑,大规模扩建了避暑胜地玉泉宫。此时长安城建设规模达到了顶峰。其范围包括浐、灞、沣、潏、涝、皂6条河流。汉元帝以后,外戚贵族竞相在城内兴建住宅和池苑,使城内建筑拥挤,官办的冶炼、铸造作坊被压缩在城内西北一角和城西南部。王莽当政时期,大搞复古主义,拆毁建章宫和上林苑中一批宫观建筑,并于城南大建明宫、辟雍和宗庙等礼制建筑,大规模扩建太学。但汉长安城基本面貌没有很大改变。

汉长安城平面近似正方形,长宽几乎相等,方向基本上成正南北向。根据文献记载,汉长安城有16座桥梁,此外城中还有旱桥——飞阁复道。城内道路相当整齐,街道笔直,或东西向、或南北向,在城内交叉、会合成8个丁字路口和2个十字路口。城内给水、排水系统规划严密,一方面利用了周秦时代的给水系统,以沣、潏两条河流为水源,以滈池为水库,而更主要的还是依靠沈水为水源。排水系统结构完整,城内大街两旁都有明沟,为排水干道。它们由城墙底部的涵道或水道连接,将污水排泄到城外壕沟中去。汉长安城的市区规划大致可分为宫殿、市场、作坊和居民区等。市场在城西北的横门附近;手工作坊有的设在皇宫之中,有的分布在城内西北角;居民区多分布在城的北部和东北部。此外,在未央宫北阙附近还有"蛮夷邸",居住着外国、少数民族的首领、使者和商人。

汉文帝去世

汉文帝像

汉文帝后元七年（前 157 年）六月，文帝去世。文帝在位 23 年，终年 46 岁。遗诏丧事从简，让天下官员百姓悼念 3 日即释服，不禁婚嫁、祠祀及饮酒食肉，葬于霸陵（今西安西北）。太子启即位，是为景帝。

西汉初年，为稳定政治与社会，发展农业生产，汉高祖、惠帝及吕后都采取休养生息政策。文帝即位后，更倡导以农为本。在位期间，进一步推行轻徭薄赋、约法省禁政策。先是减轻田租，由十五税一改为三十税一，甚至曾免收田租 12 年。又减算赋，将过去百姓年 15 至 56 岁，每人每年须交 120 钱之规

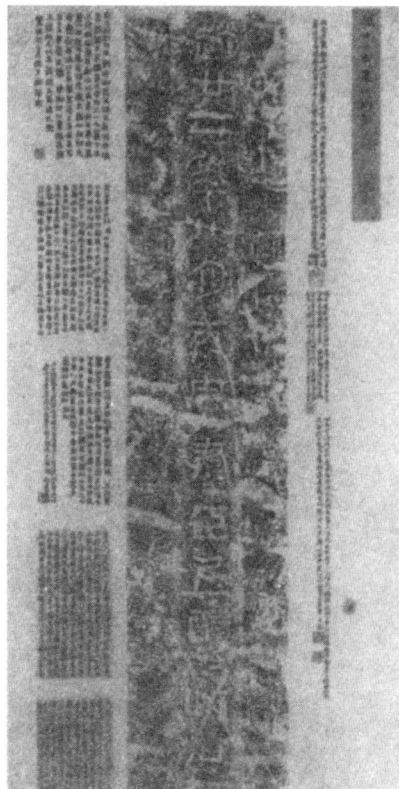

刘恒去世前 1 年群臣上寿刻石。汉初篆体。

定，减为交 40 钱，徭役也有所减轻，将原来 1 年一更改为 3 年一更。文帝还一再下令列侯回自己的封国，以减免戍卒保障供给运输的辛劳。同时，减轻刑罚，废除收孥连坐法和肉刑法。此外对于汉朝边远地区少数民族采取和睦相处政策，与匈奴和亲，柔抚南越。诏举贤良方正，能直言极谏人士，任人唯贤。提倡节俭，在位 23 年，宫室、园囿、车骑、服御没有什么增加，身穿粗厚的衣物。所宠幸的慎夫人，也衣不拖地，帷帐也没有用文绣装饰，以示敦朴，是为天下先。修造霸陵时，不用金、银、铜、锡来粉饰，而采用瓦器，顺其山形修造而不起坟。史称文帝时"非遇水旱之灾，则家给人足。都鄙廪庾皆满，而府库余货财。京师之钱累巨万，贯朽而不可校。太仓之粟陈陈相因，充溢露积于外，至腐败不可食。众庶街巷有马，阡陌之间成群"。其推行的休养生息政策，恢复和发展了汉初的社会经济，因而旧史将文帝与景帝时期并称为"文景之治"。

孔壁遗书出土

汉景帝元后三年（前 141 年），曲阜孔壁遗书出土。

汉景帝子刘馀被封为鲁王，设都曲阜（今属山东），鲁王喜欢建造宫室，由于鲁王府与孔子故居紧紧相连，景帝后元三年（前 141 年），鲁王又计划拆毁孔子旧宅以扩建王宫，由于听到宅中有钟磬琴瑟之声，因此中止拆毁工作。但已毁坏部分宅室，并在孔子旧宅的夹墙中发现了一批经传，据判断是秦始皇下焚书令后孔子后人隐藏之物。这批经传用所谓蝌蚪文也即战国时古文字抄写，后人称为孔壁古文经传。据《汉书·刘歆传》和《艺文志》等记载，孔壁所存经传包括《尚书》16 篇、《逸礼》39 篇，以及《论语》、《孝经》等。字句篇章与今文学派所传有些不同。这些经传后来归孔子后裔安国所有。孔安国以今文识读《尚书》，开创古文《尚书》学派的先河。

马王堆出土竹简

中山靖王刘胜以大量珍宝入葬

中山靖王墓出土卧羊灯。照明用具。灯作卧羊式，羊昂首，双角向前蜷曲，身躯浑圆，短尾巴。灯盘呈椭圆形，一端有一流，便于安置灯捻。羊尊的腹腔中空，可储灯油。此灯设计巧妙。

汉中山靖王刘胜墓及其妻窦绾墓葬于河北省满城县陵山，夫妻同坟异葬，其中窦绾死年稍晚于刘胜，墓葬中完整地保存了刘胜死时入葬的大量珍宝，其中有许多精品、珍品，堪称考古史上的奇迹。

刘胜是汉景帝刘启之子，汉武帝刘彻的庶兄，景帝前元三年（前154年）立为中山王，在位42年，死于武帝元鼎四年（前113年），谥靖王。刘胜爱好饮酒，喜好女色，有子孙120多人。

金缕玉衣 刘胜和窦绾均以"金缕玉衣"作为殓服，这是我国首次发现的最完整的金缕玉衣，也是有准确年代可考的最早的玉衣，外观与人体一样，分头部、上衣、裤筒、手套和鞋五部分，全部由玉片拼成，用金丝连缀。刘胜玉衣用玉片2498片，金丝1100克，窦绾玉衣用玉片2160片，金丝700克。制造时需先把玉料切开，磨制成各种规格的薄片，再在四角钻孔。据测定玉片上有些锯缝仅0.3毫米，钻孔直径仅1毫米左右，工艺繁难与精密程度之高令人惊讶。

窦绾镶玉漆棺 装饰颇为特殊，也是考古发掘中的首次发现。漆棺内壁镶玉版192块，棺外壁及棺盖共镶玉璧26块，与玉衣加在一起，等于双重

的玉匣，其权势和奢富可想
而知。

入葬的铜灯共有19件，
其中的长信宫灯、当户灯、
朱雀灯、羊尊灯等都是别具
一格的不朽之作。长信宫灯，
铜质鎏金，全高48厘米，作
一侍女跪坐执灯形。侍女左
手持灯盘，右臂上举，袖口
下垂成灯罩，灯盘可来回转
动，中心有插烛的杆，上面
弧形屏板可以开合，调节灯
光的强弱和方向。灯体中空，

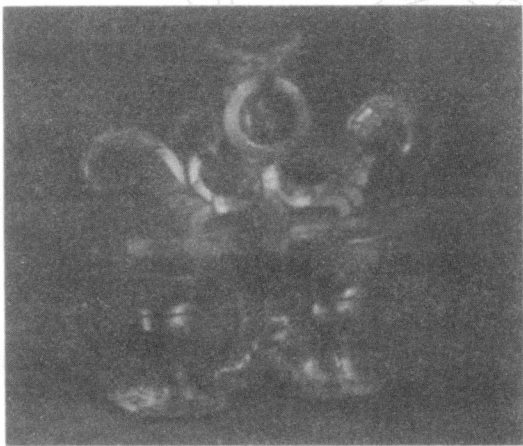

中山靖王墓出土朱雀衔环杯。弄器。器形作朱雀衔环
矗立于两高足杯之间的兽背上。通体错金，以金为主纹。
出土时高足杯内尚存朱红色痕迹，可能是作为放置化妆用
品用器，制作精美。

烟灰可通过侍女右臂到达体内。灯座、灯盘、屏板、灯罩及侍女的头部都能
拆卸，以清洁烟灰，设计得非常科学合理。当户灯仅高12厘米，下为半跪铜
人，张嘴瞪目，形象丑恶，是当时强悍的少数民族匈奴的形象，可使敌不攻
自破，反映了当时尖锐的民族矛盾。朱雀灯高30厘米，朱雀为南方火神，以
它的形象作灯具，职司灯烛，它脚踏蟠龙，展翅欲飞，嘴衔环形灯盘，可燃3
支蜡烛，制作精巧。羊尊灯铸成跪羊状，长23厘米，腹中空可盛灯油，背部
掀开做灯盘，盘上有流嘴，放置灯芯。五行中羊为南方火库，并取羊祥之意。

其他如二具帷帐，整套铜质构件完好无损，铜质鎏金，制作精美华丽，
刻天干地支及各种数字作组装搭接的记号，可以复元，为考古发掘中所仅见。
刘胜墓的一领铁铠甲属早期的"鱼鳞甲"，是现已发现的保存最为完整的西汉
铁甲。还有大量青铜和钢铁制的兵器，铜弩、箭头、佩剑，工艺水平都极高。
所出土的古代医具、筛器、灌散器，用于针灸的金、银医针和用于计时的铜
漏壶，分别是研究中国医学史和天文学史的重要资料。精美绝伦的错金博山
炉、错金银鸟篆文壶、鎏金银蟠龙纹壶和鎏金银镶嵌乳丁纹壶等，都是汉代

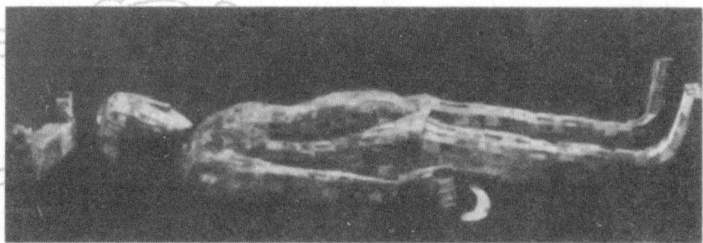

银镂玉衣

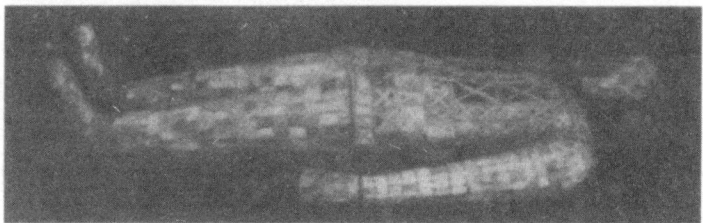

汉中山国靖王刘胜墓出土金镂玉衣。玉制，刘胜殓服，全长1.88米，用2498片玉片和1100克金丝编缀而成。玉片的大小和形状是根据人体各部位而设计的。这是能考证出准确年代的最早的、也是考古发现最完整的玉衣。

铜器中难得的艺术瑰宝。许多漆器、纺织品以及车马、俑、钱币等类都代表当时的较高水平，值得重视。

　　中山靖王刘胜夫妻墓葬完整保存了如此丰富精工的随葬物品，对研究汉代考古和历史都有重要价值。

汉代铜车马精美·中国车舆技术发达

　　中国的马车、牛车等畜力车在汉代进入了繁荣的时期，车制结构成熟，样式丰富多彩，不但成为人们生活不可缺少的部分，也成为艺术的重要对象。

　　中国是最早使用车的国家之一。相传中国人大约在 4600 年前黄帝时代已经创造了车。大约 4000 年前当时的薛部落以造车闻名于世。《左传》说薛部落的奚仲任夏（约前 21—前 17 世纪初）"车正"。《墨子》、《荀子》和《吕氏春秋》都记述了奚仲造车。在商代（约前 16 年—前 11 世纪），中国车工已能制造相当精美的两轮车。甲骨文中许多车字，表明商代的两轮车已有一辕、一衡、两轭、一舆。河南省安阳市大司空村发掘出商代车的遗迹。中国历史

青铜斧车

博物馆的商代车模型是一辆精致的两轮车，显示出当时造车技术的高度水平。中国早期的车轮辐数多在 18 和 30 之间。有辐车轮的应用使车的结构轻巧，重量减轻，是一项重大的进步。相传奚仲"桡曲为轮，因直为辕"。春秋战国时期，特别注意加强车的薄弱部分，用加强材料——"夹辅"施于车轮。战国墓葬中许多大型车辆都有"夹辅"，而辐条斜置则是车辆结构的又一项比较大的改进。

中国周朝已有使用油脂作为车辆的润滑剂。汉代创造了先进的马用挽具，使车辆轻快并便于驾驭。

到了汉代，车量数量多，样式丰富，使用广泛，根文献记载，画像砖石刻画和出土的铜制模型来看，车辆已经普及到了生活各方面，并出现了一些重大的改革。

四轮车较两轮车行驶平稳，运输量大。中国在汉代以前就出现了四轮车。中国东汉和三国时期出现的独轮车是一种经济而又适用的运输工具，特别适宜于羊肠小道。根据记载，诸葛亮北伐时，蒲元创造"木牛"为军队运送粮秣。许多学者认为当时的"木牛"就是一种独轮车。

中国汉代杰出的科学家张衡发明了举世闻名的记里鼓车。这种车行驶一里自动击鼓一下，显示里程。三国时代马钧发明指南车。车上立一木人，不论车辆走向如何变化，木人手臂始终指向南方。

车最早由人推挽，人力车的载重能力比人本身的搬运能力大得多，后来用畜力牵引。畜力车比人力车载运能力大，而且速度快，行驶里程远。单辕两轮车是早期畜力车的通用形式。中国古代的两轮车常用两马至四马驾车和牵引。驾车的马称为服马，两侧协同牵引的马称为骖马。马车具有快速、灵活的特点，在畜力车中占重要地位，但对道路条件要求较高。1980 年在陕西省临潼县秦始皇陵附近出土的大型彩绘铜车马，反映了中国 2000 多年前马车制造的精湛技艺。汉代铜马车更是显示了汉代车马技术的繁荣，车马同时成为重要的艺术对象，汉代的车马雕塑，特别是铜车马达到了极高的艺术水准，形象生动准确，具有劲健、飞腾的艺术品格，从一个侧面反映了汉代人的精神面貌。

西汉初期墓出土的几组铜俑具有代表性。广西贵县风流岭 31 号墓出土的 1 件身着盔甲的踞坐铜俑，高 39 厘米；伴出 1 匹青铜马，高约 115 厘米，姿态雄健威武，是继秦代铜车马之后，西汉前期的大型青铜雕塑杰作。

东汉青铜雕塑，有甘肃武威雷台出土的青铜马车仪仗俑群、湖南衡阳道子坪出土的铜牵马俑、贵州清平坝出土的青铜车马、河北徐水防陵出土的 2 匹青铜大马（高约 116 厘米）、河南偃师李家村出土的鎏金铜奔羊、小铜牛和小铜马。雷台汉墓中的马踏飞鸟，亦称马踏飞燕，通高 34.5 厘米，作者运用浪漫主义手法，设计一匹飞驰电掣的骏马，三足腾空，一足踩在展翅疾飞的鸟背上，侧视的基本轮廓呈倒三角形，具有强烈的运动感，被誉为汉代青铜雕塑的奇葩。

铜轺车

西汉壁画的主题：升仙驱邪

西汉壁画在秦代宫室壁画的基础上，题材和技巧有大发展，现存的多是从汉墓发掘中得到。汉代墓室壁画多属装饰性，在西汉早期兴起，墓主人大多是地方豪强或显贵高官。西汉壁画可使人们了解西汉社会经济、文化、绘画和审美意向。现今所知道的西汉墓室壁画大都分布在广州、河南洛阳、陕西西安交通大学、甘肃武威五坝山等地。壁画墓主要是大型空心砖构筑，壁画的主题则是升仙驱邪。

西汉壁画在汉墓壁画中属于前期的，主要以河南洛阳卜千秋墓、洛阳烧沟第六十一号墓等作为代表。壁画墓的发展与西汉中期以后豪强大族厚葬习俗的发展相随，而壁画墓的出现则多在当时的军事要塞或经济文化中心。尤以陕西、山西、河南为最多。这一时期的壁画内容包含升仙和天象，墓室的

洛阳西汉古墓壁画。《车马出行图》原发掘于洛阳老城西北，后移置"王陈"公园内复原保存，为西汉中期遗物。同时出土的大幅壁画，尚有星宿图、吉祥图、升仙图、二桃杀三士图等，皆色彩艳丽，结构紧凑，形象生动。

西汉《伏羲画》

主室内大多绘满壁画，脊顶绘天象和云气、四神图。这一时期的壁画风格淳朴，构图简单，某些还有西汉早期帛画的一些特征。当时主要的绘画工具是毛笔，使用的是黄、绿、朱、紫、橙等色彩的矿物质颜料，使壁画色彩经久不褪。绘画技法还比较单一，绘制技巧上发挥了战国到西汉早期宫廷壁画和帛画上用墨线勾勒轮廓再平涂施色的手法，造型手法上是写实与夸张结合。

洛阳卜千秋墓年代较早，墓内壁画保存比较好，主室东侧门额画着象征吉祥的人首神鸟，后壁上方正中画着猪头方相，其意在驱鬼辟邪，它的下面则是青龙白虎。墓顶壁画是长卷式画面，包含天象与升仙两种内容，全长 451 厘米。东西两端各表现一种内容，天空景观由彩云环绕的女娲、含蟾蜍桂树的月象、人首蛇尾的伏羲、含三足鸟的日象构成；升仙的场景由双龙、神鸟、"枭羊"、白虎护卫、仙女持节方士导引，男墓主挎弓骑龙，女墓主捧鸟骑三头凤的景象构成。画面上的每种物象都很有生气，布局有序，勾线流畅，变化多姿的流云纹起着联结统一画面的作用，表现了较高的绘画技巧。整个画面使人们看到了典型的升仙驱邪主题，极为形象地表达了当时人们渴望死后升仙的幻想。

洛阳烧沟第六十一号西汉墓，壁画内容除保持升仙驱邪的基调外，出现了一些新题材，开始画一些历史故事，如"二桃杀三士"，意在宣扬封建道德。

西汉《武士画》之一

值得注意的还有西安交通大学和武威五坝山的西汉晚期墓室壁画，尤其是西安的西汉壁画墓，它的顶部绘着日月星象，但二十八星宿是用不同形态的人物与动物作为标志，对于绘画史与天文史的研究有重要价值。武威的西汉壁画墓中保留着鸟瞰法勾画地形的古老画法，同时壁画中羽人的形象也可在河西地区见到，由此可看出中原与河西文化联系在张骞通西域后变得紧密。

随着时间的发展，西汉壁画内容在原有的基调上，出现了生活中的人间景象，至王莽和东汉，内容更是丰富，从升仙驱邪的虚幻走向现实。

总之，西汉壁画升仙驱邪的主题使人们了解到当时谶纬流行和天人感应对人的影响，以及"事死如事生"的思想，而题材的变化则蕴含着后世壁画的发展方向。

西汉《开明兽与不死树》。这幅画当是描绘开明兽与不死树的神话故事，表达了墓主人企望死后升仙，过美好生活的幻想，亦有祥瑞之意。

光武帝去世

建武中元二年（57年）二月，光武帝刘秀死于南宫前殿，享年62岁。由第四子太子刘庄继位，称为明帝。

刘秀自平民而后成为天子，在尚未统一中国时，就提倡太学，厚赐博士弟子。以后南征北战，推翻王莽新朝，削平割据势力，重建汉家天下。东汉政权建立后，刘秀总揽万机，每天早早起来视朝理政，晚上很晚才回宫休息。有时与公卿、郎、将讲讨经理，直到夜半才睡。皇太子曾劝他爱惜身体，他说我乐于此举，不会为此而感到疲倦。刘秀一生，从善如流，注重吏治，释放奴婢，压制地方豪强，平徭简赋，关注民间疾苦，为东汉经济的恢复和发展起了很关键的作用。同时，还正确处理了与匈奴、乌桓、岭南、西南夷、西域等各民族的关系。死后，遗诏薄葬，以身作则为后世树立崇尚节俭的典范。

贮藏。汉代休养生息，人民生活富足，汉墓中出土大量陶仓。图为江陵凤凰山汉墓中出土的贮藏粮食的陶仓。

四川画像砖石

四川在汉代盛产盐铁，不少人因此成了大富，四川又是当时出产工艺美术品最著名的地方。因此，四川，尤其是成都平原地区，不仅有着大量的豪富之家的大型墓葬建筑，而且其画像砖、石的艺术水准在东汉也堪称冠绝一时。

四川的汉墓葬形式大致有三种：即崖墓、砖室墓和砖石混合墓。地下为墓室，地表则有石阙。石阙位置在近墓门处，两壁左右各一方，代表墓主生前在门前所立的阙观。由此可见汉人的墓葬总是有意模仿生人的建筑，以便让亡灵仍能继续享受死前的生活。四川的汉石阙数量最多，分布的地域也较广，是其墓葬的一个特色。

四川的汉画像，主要是装饰石棺用的石棺画像，还有部分是装饰墓门和石壁的，其精美作品多集中于环墓室壁中部一圈。石阙则多为圆雕或浮雕，比较著名的如雅安高颐阙、渠县沈君阙、平阳府君阙，阙上所雕的朱雀、青龙、白虎，形体较大、姿影活跃，图案清晰，远观亦有醒目的效果。

四川的画像砖常和画像石并用于墓室内壁装饰，两者内容基本一致，有时则互为补充，它们一起组成了美观的墓室壁画。四川画像砖与他处不同，多为40厘米的正方形砖，有时也用46×26厘米的长方形砖；其技法也有别于中原地区画像砖粗犷雄劲的作风，显得缜密细腻，更富于写实性，艺术造诣逐步超过了中原地区，是国内东汉画像砖中最优秀的作品。

秦汉时期四川发达的水利工程促成了农作和蚕桑的兴盛，汉政府的盐业政策推动了井盐大量开采，四川地区富庶的社会经济和丰富多彩的生活风俗反映到画像砖、石上来，则是历史故事、祥瑞物象减少，生活劳动的题材如

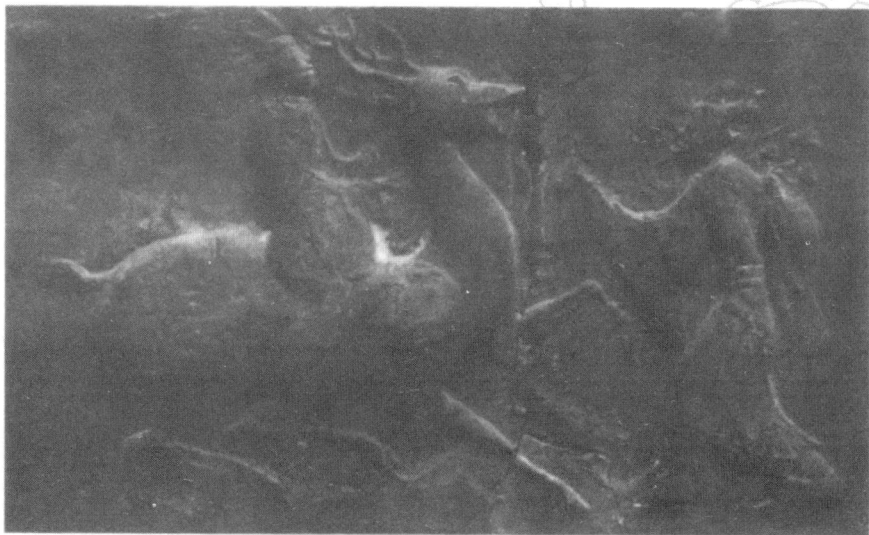

四川戏鹿画像砖。反映了东汉时代富贵之家的闲适生活。

四川渔筏画像砖。作者运用高度写实的浮雕手法，雕刻出一竹筏在湍急的大江中顺流而下。

四川骆驼载乐画像砖。浮雕一骆驼，昂首张口，举步缓行。

四川汉画像砖

插种、收割、采莲、桑园、盐井，占了很大的比重。

四川地区画像砖石最有特色的，正是那些表现生产活动和某些特殊生活场景的内容。比如著名的《盐井》图，描绘了井架上工人用力拉绳取盐水注入盆内，盐灶前工人扇火煮盐，山间工人背负盐包艰难行进的景状，背景则是野兽出没的山林。在一方砖内描绘如此丰富详尽的内容，实属不易。其余如《酿酒》、《弋射收获》、《采莲》、《行筏》等图，都是再现汉代生产情况的珍贵形象资料。画像砖石中还描绘了当时市井、酒肆等社会生活内容；各地出土的《养老图》则表现了汉代的尊老风气和养老制度的实施。总之，侧重对现实的描绘，反映了汉代四川地区美术的特点。

在四川不同的墓葬中，常有相同画面的画像砖发现，有的甚至根本是同一模所制。因此人们推测，四川画像砖出于专门的作坊，它们的作者是艺术水平很高的民间工匠。

陕北画像石

　　陕北墓葬不如中原地区发达，但遗存的画像石仍为数不少，而且表现出明显的区域特点。

　　陕北画像石主要分布在今陕西省的榆林和延安两地，边塞屯戍与游牧民族的双重影响，使得人们对畜牧、牛耕和射猎较为重视。在画像石中，反映农作和畜牧的场面尤多，牛耕、谷物、收割、放牧、驯马等图像常以单个画面表现；狩猎与车骑出行的画面也不少，一般以横长构图展开宏大场面，几乎每座墓都有，而历史人物故事则表现得极少。

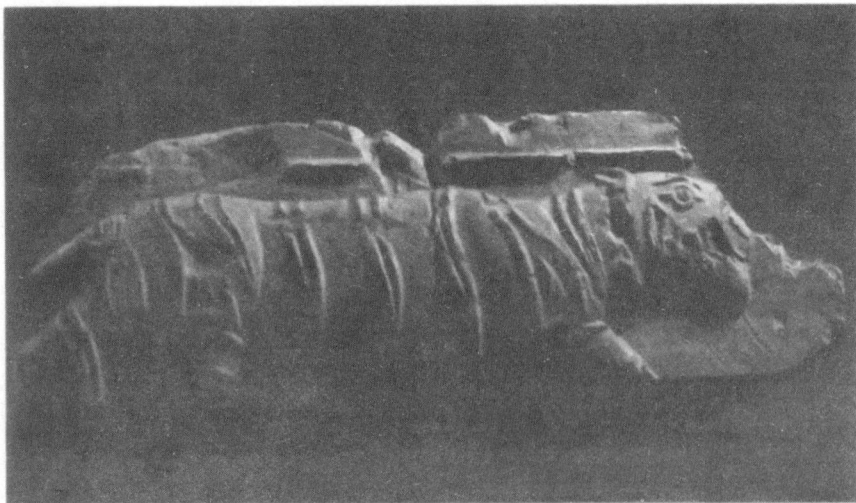

　　陕西虎纹画像砖。它上承战国时期动物纹瓦当那种粗放浑朴的风格，下开东汉时期画像石中以虚实面积对比的造型手法。这种风格的出现和流行，对后世的金石镌刻及砖雕，都有着深远的影响。

陕北画像石中的祥瑞物象也比较丰富，祥云星座、灵芝仙草等图案常有出现，显然，在求升仙与灵魂不灭的观念上，整个东汉时期内，各地都是一致的。

陕北画像石的最大特点，在于其精美作品都集中在墓门上。墓门由门楣、边框、立柱和门扇等五六块石料构成，看上去是呈矩形的完整画面。整个墓门外框，是由蔓草、卷云与禽兽组成的图案复杂的边饰，这是其它地区所没有的。边饰以内，近门楣处一般是车骑田猎行列，其下则分成若干小画面，一般有端坐仙山上的东王公和西王母，有门吏和望楼等。这种构图，使整个墓门的形象呈现出内疏外密的节奏。

陕北当地出产页岩，因而才能在一个并不算富庶的地区盛行石墓葬并大量产生画像石。匠人将自然平整的石面加以打磨后，即可进行雕刻，其代表性的技法是减地阳刻后用墨线勾勒形象细部，或加彩绘。

陕北画像石总体艺术风格显得较为简拙。其画面构成特点是显得饱满充实，较少留白，但因为它是将墓门分割为若干小画面，所以实际每个画面主体突出，并没有小物件堆砌的感觉。以曲线描绘的蔓草卷云和祥瑞物象穿插流贯，势态舒散飞动。

南阳画像石自成一格

南阳画像石不仅作品丰富，而且风貌独特，自成一格，南阳石刻以一种高大、粗犷、豪放的气派称盛一时。东汉中期的南阳画像石，已逐步摆脱了西汉以来传统画像石那种构图严密、布局繁缛的画风，开创了一种主题突出、布局疏朗、简洁质朴的新风格。如《二桃杀三士》画像，画面中除了盘中二桃和三士外，别无他物点缀，主题内容和人物性格一目了然。其他作品也多是一个画面表现一个故事或一组物象，较少堆砌。进入成熟期后，一些画像中还出现了补白装饰，比如在翼龙、飞虎、嫦娥、鹿车等作品的主体形象周围饰以浮动的云气，在猛兽下山图上饰以山峦，从而使主题更为突出、生动，形成汉代艺术史上画像石中的独特流派。在刀法上，南阳画像石也有自己独

《二桃杀三士》画像砖。此幅画像以极其精练的笔法表现了三位勇士即将引颈自刎的悲壮场面。

特的代表性技法，约 2/3 的作品采用了有横斜纹衬底的凿纹减地浅浮雕。

题材上南阳画像石也有区别于其他地区的内容，东汉人对五行图谶的迷信很深，南阳汉墓的画像石刻，就带有许多五行神秘成分。与其他地区相比，南阳画像石较少农耕、纺织、庖厨等现实生产劳动的记录，而有更多的日月同辉、金乌负日、白虎星座等象征天宇的画面，和虎吃女魃、材官厥张等表现驱疫、避邪的画面。

南阳汉墓甚多，如草店汉墓、沙冈汉墓、石桥汉墓、广阳汉墓等，它们似乎都遵从着一定的墓室形制，比如说，它们都没有石湖；星象龙螭每刻于梁顶；前楣正面多刻异兽相逐，背面多刻人兽相斗；后楣正面多为统治者的游乐图，门前多刻铺首衔环，门后多刻冠服僚属；前柱的正面多刻端立的侍卫，背面则为执翌的宾从；后柱则大多取材于殊方异物和古代传说。

河南南阳《女娲》画像

武氏祠画像石

　　位于今天山东嘉祥县南武宅山的武氏祠画像石是汉代墓葬规模较大，具有较高艺术价值和典型意义的一处。

　　武氏祠是指武氏家族墓葬现存的门前双阙及三个石祠，即武梁祠、武班祠和武荣祠。石阙和武梁碑的记载表明，它是在东汉桓帝建和元年（147 年），由石工孟孚、李第卯、孙宗等人刻造，并由当时的良匠卫改"雕文刻画"而成的。

　　武氏祠的特色在其众多的历史人物故事画，而且画像之旁往往有榜文题

武氏祠画像题记

铭和赞语。其中既有神农黄帝、尧舜禹汤、文武周孔等帝王圣贤画像，又有荆轲刺秦王、专诸刺王僚、曹沫劫桓公、相如完璧等忠勇义士的故事；既有表现节妇烈女的京师节女、梁节姑姊、秋胡妻、王陵母等故事，又有表现行孝的老莱子斑衣娱亲、董永卖身葬父、邢渠哺父等故事。

武氏祠的画像采用凸面刻线法雕刻，风格严谨朴拙，具有写实特色。构图则用分层分格的方法，在一层中包括一个主题内容下的多个不同画面和人物；构图复杂而又均衡匀称，具有浓郁的装饰效果。每个故事又善于把握事态转折瞬间和冲突高潮，画中人物多具有夸张的戏剧性动作，在平稳构图中表现出动感和力度。

武氏祠三祠的画像布局大体相似，看来当时墓葬画像的内容布局都有一定的制度：东西两石阙的画像内容为神仙灵异，车马人物与历史故事。祠堂中心后壁明显处是墓主的庄园、宴饮图；墓主车骑出行图则在后壁和小龛的横额长石上。后壁高处和两山墙的上方是儒家门人的高贵形象。围绕东王公和西王母为主的神话传说都刻在两山墙的山尖处，神仙、灵异、祥瑞图像刻于顶部，暗示天降祥瑞。另外按五行思想中西方属金主肃杀的观念，攻战图被刻在石祠内的西壁下。

汉代灯具造型精美

两汉时期，我国的灯具制造工艺有了新发展，对战国和秦的灯具既有继承，又有创新。

灯具是由烛台脱胎而来，但并未完全取代烛。我国至迟在战国时期就已经开始使用灯具照明，各地战国墓中出土了不少形状各异的灯具。秦代灯具可见一些文献记载，已出现宫灯、多枝灯等精致独特的灯具。

汉代灯具在前代基础上有了很大发展。从形式上看，除原有的座灯外，又出现了吊灯；从质地看，在陶灯、青铜灯之外新出现铁灯、玉灯和石灯，

汉代豆卮组合灯

朱雀灯。灯盘、朱雀和盘龙三部分系分铸，朱雀的嘴部和足部均留有接铸痕迹。此灯造型优美，结构合理。

其中以青铜灯具最为多姿多彩，出土实物表明，灯的数量显著增多，这说明它的使用已经相当普及了。这一时期灯具造型丰富多彩，有塑造人物形象的"宫女"灯、"当炉"灯、"羽人"灯、"男奴"灯等；有创造动物形象的牛形灯、羊尊灯、朱雀灯、凤鸟灯、雁足灯、鹤龟灯、麒麟灯、鱼灯、龟灯、蟾蜍灯等；有模拟器物形态的豆形灯、盒形灯、卮灯、耳杯形灯、辘轳灯、三足灯等；此外，还有多枝灯、行灯等。汉代的灯具造型取材广泛，制作精良，无论是人物、动物还是器物形态都栩栩如生，达到绝妙的境界。

两汉的灯具制造取得了前所未有的成就，在制造上体现了科学性和艺术性的高度统一。如满城西汉中山靖王刘胜夫妇墓出土的鎏金长信宫灯，形态为宫女跽坐持灯，通体鎏金，通高48厘米，由灯盖、烟道、炉具、灯座、灯盘和灯罩6部分分铸而成，各部分都可拆卸，整体设计合理，在采光、省油、避风、除垢等方面都是科学的，造型生动美观，达到极高的艺术水平。汉代流行多枝华灯灯具，一般为一个灯座上支撑着高低错落的几个或十几个灯盏，有的青铜多枝灯可以置上卸下，使用十分方便。多枝灯大大增加照明亮度，不仅更加适用，而且是精美的工艺品。《西京杂记》中就记载了皇后赵飞燕接受女弟合德昭仪馈赠贺礼"七枝灯"。较之前代，汉代还出现了吊灯灯具，可用于悬挂，使用起来相当方便。

　　总之，两汉时期的制灯工艺在前代基础上取得很大进步，已日臻纯熟，达到很高水平。

和林格尔汉墓壁画丰富

　　壁画主要画在宫殿、厅堂等贵族建筑及坟墓内，经考古发掘的墓室壁画为现存的最珍贵的汉代绘画遗产。位于内蒙古自治区和林格尔县新店子村西的东汉晚期大型砖室壁画墓，是目前发现的最重要、内容最丰富的汉墓壁画。墓中壁画总面积达百余平方米，据壁画内容及榜题文字，墓主曾被举为孝廉，

和林格尔汉墓壁画。此组壁画中，有不少乌桓、鲜卑人物形象。

再经由郎而出任西河长史，行上郡属国都尉，繁阳令，最后官至使持节护乌桓校尉。在一墓之内集中了这么丰富的画像题材，在汉墓中是仅见的，其中有些内容还是首次发现。

和林格尔汉墓壁画有 46 组以上。在前室四壁和中室东、南两壁及甬道北壁，以墓主仕宦经历为顺序，上部绘举孝廉至任使持节护乌桓校尉各职的车骑出行图，下部绘任西河长史至护乌桓校尉时所居的离石城府舍图，土军城府舍图，繁阳宫寺图等。其中，绘在前室至中室甬道北壁和中室东壁的宁城图，生动地描绘了墓主在护乌桓校尉幕府中接见乌桓首领时的巨大场面。在后室、耳室及中室北壁，绘有表现墓主生活和财富的燕居、乐舞、宴饮、厨炊、农耕、采桑、放牧以及坞壁等画面。中室西、北两壁，绘有孔子见老子和"七女为父报仇"、"二桃杀三士"、"丁兰孝亲"等大量历史故事，还有 36 幅以上绘有麒麟、神鼎等的祥瑞图。前室和后室的顶部，绘有云气、仙人、四神等天象和神话图像，其中前室顶部的《仙人骑白象》图，有的学者认为是中国最早的佛教图像之一。各图像旁的墨书题榜近 250 条，标明了各幅壁画的内容。

和林格尔汉墓中丰富的壁画，对研究东汉晚期的庄园经济、社会生活、城市规划、意识形态以及边疆地区生产的发展，东汉王朝与乌桓等北方少数民族的关系等问题，都有重要意义。

汉代俑像生动活泼

与墓葬制度联系紧密的俑像，是两汉时期雕塑艺术中的重要门类，与秦代相比较，汉代俑像塑造了社会各阶层人物，形象生动活泼。

西汉早期俑像，性质与秦代兵马俑相似，多是用军阵来送葬的模拟物，在规格上则比秦俑小。因为沿袭秦俑的风格，造型比较呆板，主要是用整齐的阵列向人们展示为死者送葬的森严军阵。除此之外也有彩绘女侍俑，模制烧成陶后敷涂色彩，轮廓线条流畅优美，艺术造型超出军阵陶俑，富有生活

抚琴石俑

东汉三人倒立杂技陶俑。显示出当时杂技不但讲究难度，亦有理想的整体造型构思。

陶马俑

情趣，和另一类侍从木俑、舞蹈奏乐俑同样具有传神姿态。渐至东汉，这类模拟家内侍仆舞乐俑成为主流，而西汉时数量众多的兵马军阵不再出现，人物形象转为侍从乐舞和农牧耕作的农夫部曲，俑像的艺术造型也从呆板变为活泼生动。

汉代俑像种类众多，数量大的是陶俑，另外还有金属铸造的铜俑，和不同材料制成的玉俑、石俑、木俑等。

根据考古发现，西汉早期陶塑兵马俑现在有三处：咸阳杨家湾汉墓 11 个从葬坑，出土骑兵俑 500 多件，步兵俑 1800 多件，前者高 86 厘米左右，后者高44—48厘米；咸阳东郊狼家沟汉惠帝安陵第十一号陪葬墓的从葬沟，清理出土84件陶俑，包括武士俑和少量女侍俑，还有少量陶塑家畜；另外江苏省徐州市东南郊狮子山西麓，发现三个有彩绘陶塑兵马俑的从葬坑，清理发现千多兵马俑。彩绘女侍俑最为典型的是西安姜村窦太后墓从葬坑出土的42件，有坐式和立式两种，形象端庄俊美。西汉前期木俑以长沙马王堆、云梦大坟头、江陵凤凰山汉墓为代表，后期木俑则以江苏连云港云台、盱眙县东阳、高邮县天山出土的为代表。

东汉石俑四川出土较多，陶俑则以河南、河北、四川出土的为代表，青铜雕塑东汉作品，主要以甘肃武威雷台出土的为代表。

其中最受人称赞的陶俑是四川成都天回山出土的说唱俑，面部充满笑意，表现出一种进入角色的得意神情，一手挟鼓，另一只手持桴配合说唱节奏下槌击打，真实地刻画了说唱者充满激情的神态和手舞足蹈的忘我境界，从中可以看出他不仅仅说书而且还在唱讲，极富戏剧性的神情，堪称写实主义杰作。

甘肃武威雷台出土的东汉铜奔马，造型分外精美，构思十分奇巧。它又被人称为马踏飞燕，全高34.5厘米，制作者运用浪漫主义手法，让一匹风驰电掣的骏马三足腾空，另一足踩在展翅飞翔的鸟背上，从侧面看轮廓呈倒三角形，动感强烈，生动欲飞，是汉代青铜雕塑的珍品。它的出土显示了我国古代雕塑家超绝的想象力，精湛的技巧，体现了汉代豪勇进取的精神。

总之，汉代尤其是东汉俑像生动地反映了当时的社会政治经济面貌，俑像朴拙的风格，奔放的气势构成它独特的艺术魅力，在雕塑史上写下了光辉灿烂的一笔。

沂南画像石

东汉豪富之家营造大型石墓，既是为了炫耀墓主生前的显赫地位和奢华享受，也是出于对人死后可归于仙界、再享生前欢乐的迷信。在沂南县北寨村发现的东汉墓，就是模仿活人的生活住宅而建成的，它建有前中后3个主室、4个耳室和1个侧室，各室之间有通道相连，占地近90平方米。

沂南东汉墓有大型而情节完整的画像石，不仅有神仙祥瑞、历史人物故事、奇禽异兽、打鬼等内容，还有表现墓主生荣死哀的画像，几乎容纳了汉画像石所有题材。这42块画像石上的73幅画，根据其内容和在墓室内的位置，几个主题层次分明，比较突出：

在墓门位置，墓主生前率众抗击异族的攻战图是主体，两侧门柱上的诸神图是陪衬。

在前室内，是墓主身后的哀荣画像，包括了祭祀图、大傩图、升天仙人等一系列相关画图。

在中室内，是表现墓主生前享乐和高贵地位的生活图。包括了四组出行图，以及丰收宴乐图、乐舞百戏图、马厩图等表现墓主的富贵和逸乐的画像。

沂南收获宴享画像砖

作为陪衬的，则是一些古代圣贤豪杰和历史传说故事图。

在后室承过梁的隔墙上，则描绘了墓主生前的晏寝起居，画面上有仆人涤器，侍女捧镜，男仆送馔，以及备马、衣履等图。还衬以打鬼的方相，奇禽异兽和各种花纹图案。

沂南东汉墓的这些画像，其雕刻手法灵活多变，其中有圆雕（八角柱斗拱旁的倒悬双龙）、浮雕（墓门上额与柱子）、凸面线雕和阴线刻等。

墓门上的浮雕工艺增强了这些突出部位的立体感和雄伟气概。而墓室内壁为了保持一种平面整体感，则采用了减地极薄的凸面线刻，使整个画面线条流利，给人一种饱满的感觉。

沂南画像石尽管从总体来说并没有超出东汉那种朴拙的风格，但构图丰富完整，艺术手法自由活泼，正是东汉末年画像石极盛时期成熟的佳作，在汉代画像石中占有重要位置。

山东汉画像石

山东自古得渔盐之利，早在战国时代就是富庶地区。到了汉代，农业生产力迅速发展。豪强地主雄厚的财力物力为汉画像石的兴盛提供了物质基础。

山东儒家传统深厚。儒家重视孝道，遂产生了以厚葬为德的社会风气；这一点恰与两汉统治阶级求长生、求升仙的思想相吻合，成为画像石兴盛的文化思想基础。

当时的鲁南，在我们今天称为济宁、枣庄、临沂的地方，修建了大量石墓、祠堂，并以昂贵的画像石来装饰墓壁、祠堂、碑阙。鲁中，今天的泰安、

山东安丘画像石墓

济南、潍坊的地区也有不少。鲁北因为较贫瘠，所以甚少有这种大型墓葬，考古上也很少在山东黄河以北找到画像石。

在山东的画像石中，最特出的内容莫过于宴乐、舞蹈场面，统治者坐而饮酒，奴隶们则或在厨中置馔、煮鳖烹鱼、割鸡宰牲；或在筵间侍侧注酒、百戏杂耍、吹竽鼓瑟、击筑弹琴、拊鼓对舞。这种豪奢场景，正和史书所载山东豪富之家膏田满野、连栋数百、奴婢千群的情形相互写照。

山东画像石中还有大量表现儒家伦理观念的内容，各种帝王将相，孝子烈女，圣贤高士的故事，仿佛连环画图，出现在石刻上。和其他各地一样，各种神话传说如东王公、西王母、伏羲、女娲等，和各种祥瑞如奇珍异兽也成为一大题材。另外，还有少量的描绘日月星辰、山草树木等自然景物的图画和装饰图案，它们共同构成了山东画像石的丰富内容。

山东画像石在艺术风格的演变上大体可分为早晚两期。早期一般构图简单、疏朗。晚期则多用分层分格布局，将石面从上至下分为数层，每层以直线或花纹分隔，分层画面都以剪影构图表现一个主题内容，画面最多可达7层，表现了西汉以来传统画像石构图严密、布局繁缛的画风。

山东是我国画像石遗存最多的地区，其中比较著名的有孝堂山画像石、武氏祠画像石、沂南画像石以及安丘董家庄画像石等。

望都汉墓壁画显示人物画的进展

　　早在原始社会，就有雕刻在岩石上的线条粗犷的人物图案，这是人物画的雏形。战国楚墓出土的《人物龙凤》、《人物驭龙》帛画是已知最早的独幅人物画作品。发展到汉代，中国绘画艺术日趋成熟，人物画技巧也有进步，发掘于河北望都的东汉晚期（公元 190 年前后）墓室壁画，就显示了人物画的进展。

望都汉墓壁画题记

定名为望都1号汉墓的壁画保存完好。该墓有前、中、后室及耳室，壁画集中在前室四壁通往中室的甬道壁面、券顶上。壁上的画面按内容为上、下两部分，上层是25个文武官吏像，旁边的榜书标记出他们的职位。前室北壁墓门两侧为门亭长和寺门卒，分别佩剑和持杖立在门旁；其他有门下吏、辟车伍佰、门下小吏等，他们中属武官者短衣着鞋，持杖挺立，属文官者穿袍戴冠，拥笏呈躬身之状，好像是墓主的下级属官。除立像外，有主记史、主簿两人坐在榻上，身旁置文书工具。甬道两边壁上各画一组侍从向文官跪拜像。壁画下层是9幅祥瑞图。

望都2号汉墓的形制与1号墓相同，但规模约大1倍。壁画分布在两个前室壁上，因墓壁残塌，保存的画面仅几个人物，造型及描绘风格也与1号墓壁画相同，大概同出于一种当时流行的壁画粉本。

人物画往往能直接反映社会现实、政治、哲学、宗教、道德、文艺等社会意识，从望都汉墓壁画的内容和布局意向来看，是在夸耀墓主生前的地位及包含着墓主死后升"天界"的寓意，表达了当时人们的升仙迷信意识，一种夸饰的时代风尚。

望都汉墓壁画以白为底色，物象造型以线条为主，勾勒的线条流畅而富有弹性，粗线则连勾带染，组成人物醒目的衣褶。在人物形象的处理上，采用了3/4的侧面造型，使动态与脸部神情都得到简洁而充分的表现。这种不加背景的单个人物具有肖像画的性质，较写实地刻画出不同人物的身份与形貌特点。这两墓壁画都以墨线勾勒、平涂施色的传统技法为主，兼采用渲染法以表现明暗的绘画手法，使人物形象洒脱、生动、传神，具有独特的风格，反映出当时绘画艺术已达到了新的高度，并且预示出魏晋以后人物画将有更大的进展。

辽阳汉壁画墓反映辽东生活

　　壁画墓，西汉中叶已经出现，到东汉晚期已有了很大发展，东北辽阳地区的汉壁画墓很具特色，不仅对于研究汉代的文化艺术具有很高价值，而且也反映了汉代辽东的社会生活情况。

　　辽阳的汉壁画墓有三道壕三号墓、鹅房一号墓、雪梅村一号墓、棒台子屯壁画墓、北园二号汉魏壁画墓、棒台子二号墓、辽阳旧城东门里东汉墓等。这些墓一般由墓门、前室、后室、棺室、耳室、回廊等构成，大型墓长宽一般在 7 米左右，小型墓长宽一般在 3—4 米，其中三道壕三号墓左右宽仅 1.26 米。墓葬中残存的随葬品有各式陶器、铜刀、铜镜、铜耳环、五铢钱、货泉等。最有价值的还是墓中的壁画，一般直接绘在墓室石壁上，有的还绘在横枋、立柱及墓室顶部。壁画内容主要是对墓主人生前富豪生活场景的翔实描绘，主要有门卒图、门犬图、宴饮图、家居图、牵马图、拴马图、楼阁图、持经图、出行图、宅第图、庖厨图、云水图、鹿图、红日圆月图、武器图、小史图、"主簿"和"议曹扬"图等。壁画有一定的分布规律：墓门两侧为门卒和门犬；前室多绘百戏和乐舞；后室和回廊绘墓主车骑出行图；后回廊一般绘乐舞

辽宁出土东汉壁画

百戏、门阙、宅院及属吏；耳室和小室则绘墓主宴饮和庖厨；各室顶部都绘流云。

这些壁画构图严谨，形象生动，色彩鲜艳，而且内容丰富，通过壁画中所描绘的墓主生平经历和豪华生活可以看出，汉末的辽东地区，在中原移民和当地居民的共同辛勤建设下，经济、文化都得到很大的发展。

镇墓石刻流行

两汉时期，政权相对稳固，经济蓬勃发展，为文化、艺术的发展奠定了坚实的物质基础。谶纬神学的盛行，使汉人形成了完整的生死观，并在丧葬习俗上表现出来，汉代镇墓石刻的流行就是这种现象的反映。

汉人认为"事生如事死"，在这一思想的影响和主导下，盛行厚葬，陵墓作为人死后永久栖宿的场所，墓室营造受到极大的重视，甚至倾注了大量的人力财力。坟垅的表面饰物——镇墓石刻也显得十分繁多且异常华丽，足以标示这一时期石雕艺术的最高成就。

留存至今的一组大型西汉镇墓石刻是汉骠骑将军霍去病墓石刻，该墓地由汉武帝亲自选定，石刻由少府属府"左司空"署内的优秀石匠于元狩年间（前112年—前117年）雕造。遗存下来的这组石刻包括立马、卧马、跃马、卧虎、卧象、石蛙、石鱼、野人、母牛舔犊、卧牛、人物熊、野猪、石蟾等14件和题铭刻石二件。在花岗石上运用循石造型的艺术手法，巧妙地融汇了圆雕、

天禄石兽

浮雕、线刻等技法，刻画形象恰到好处，善于把握客体特征，无自然主义的过多的雕镂，使整个作品具有整块感和力度感，风格古朴浑厚，沉雄博大，是汉代石刻的杰出代表。整个雕塑群以《立马》为主体，以象征霍去病的威武轩昂形象和横扫一切侵扰者的气势，错置于墓冢周围的各种石刻动物，烘托出霍去病艰苦的战斗生涯。主题思想一目了然，浅显明确，其表现手法含蓄深刻、耐人寻味。在《立马》身上，既有悲壮肃穆的气氛，又有严厉的警告，是思想性和艺术性完美统一的典范，代表了西汉纪念碑雕石刻最高成就。

据唐人封演著《封氏闻见记》载：帝王陵前放置石麒麟、石辟邪、石象、石马，臣僚墓前放置石羊、石虎、石人、石柱。这些石刻在东汉陵墓多有发现，它们分布在山东、河南、四川、陕西等广大地区。一般刻有铭文，有比较详细的纪年，如故宫博物院收藏的出土于山东临沂县石羊岭的一对东汉石羊，刻有"永和五年"（140年）"孝子孙侯"，"孙仲乔所作羊"的铭文，可以清晰地对其加以考索。有些铭文还记载着一些有关墓主人的具有神奇色彩的传说，如葬于陕西华阴县的杨震，死于延和三年（前90年），葬前十多天，有高达一丈多的大鸟，在墓地盘旋悲鸣，葬后才飞去，因此人们作了鸟像安放在墓前。

关于石刻的文化意义虽不太明确，但仍依稀可以考索，有些残存的兽身上刻有"天禄"、"辟邪"字样，同为兽名，最早见

东汉辟邪石兽

于文献记载的是现藏河南南阳博物馆的东汉御史中丞汝南太守宗资墓前的一对石兽，《后汉书·灵帝纪》天禄条明确地记载了它，并断定所刻"天禄"、"辟邪"为兽名。欧阳修在《六一题跋》中也记载了他所亲见的这对石兽。有鉴于此，后人就把那种肩生双翼的石兽称为天禄和辟邪。宗资墓的两兽躯体修长，臀部撅起，周身满布卷云纹，作即将腾空飞跃的姿势，引而待发，活力内蕴。保存至今最完好的肩带双翼的石辟邪是高颐墓前的一对，该墓位于四川省雅安县城东北十公里的姚桥，墓主人高颐是汉末孝廉，曾授益州太守。石碑刻记墓建于建安十年（205年）。墓前遗存石兽和石阙各一对，石兽头无角，有双翼，以狮子的自然形态为基本造型，杂糅了传说中瑞兽的某些造型特征，强调了狮子粗壮有力的四肢和挺胸昂首、迈步向前的雄姿，浑厚质朴，气势矫健威武。这种带翼石兽在《山海经》中已有记载，战国出土的铜兽也有这种造型，它们在造型特征、神异幻想色彩方面都表现出近似的风格，表明在我国通西域之前早已有存在于国人的想象之中。至于石狮，当以姜公祠前杨君墓石狮最见

特点，该墓位于四川芦山境内，在东汉延光元年（122年）至灵帝中平六年（189年）有太守杨统曾在此任职，出土的残碑额中有"杨君之铭"，所以命名为杨君墓石狮。这石狮造型方中有圆，四肢粗壮凝重，体态雄健浑厚，昂首张口，挺胸翘尾，气宇轩昂，动静相济，刚柔并健，饱藏着充沛的活力。是东汉镇墓石狮

东汉石狮。武士墓群石刻，位于山东嘉祥城南30里武宅山北麓。墓地的北方有石阙一对。两狮皆立石座上，张口怒目，昂首扭颈前视。

的杰出代表。这类石狮遗存很多，规格各异，有的还标明了价值，如造于建和元年（147年）的现山东嘉祥县武宅山的武氏祠的一对石狮，价值四万钱，而石阙却值十五万。这对石狮似虎似狮，雕刻精工，解剖准确，躯体凝重，神态活泼而威严。

除了大型石兽遗存以外，还有少量东汉人形石雕，造型也显得朴拙。山东曲阜孔庙前的两石人，原存县城东南张曲村鲁王墓前，雕于桓帝（147—161年）年间，石人身上分别刻有"汉故乐安太守君亭长"和"府门之卒"的字样，可能是墓主人的亲随侍卫官和亲兵，其造型矮而粗壮，神态端庄肃穆。

总括这些情况，可以完整地看出两汉期间镇墓石刻十分流行，且显示出了精湛的雕塑艺术水平，这些对于考溯我国的文化史、艺术史和丧葬风俗史具有十分重要的价值。

河南画像砖

20 世纪 50 年代后，在河南省大部分地区陆续出土了一批汉代画像砖。这是一种有浅浮雕或阴线画像的砖，用雕刻好的木制印模在半干的砖坯表面压印出图像而成。

西汉初期，墓葬制度沿袭周代礼制，流行的是土坑竖穴木椁墓。经休养生息，社会出现了繁荣和富足，考究的、模拟人间屋宇的崖墓和空心画像砖墓取代了木椁墓，之后又出现了画像石墓。东汉以后，厚葬成风，实心砖替代了空心砖，砖石墓更为盛行。画像砖就是汉代修筑陵墓时所用的带有装饰图像的砖。

河南画像砖形状有长方形空心砖、长方形实心砖和基本方正的小型实心砖 3 种。空心砖多属西汉时期，而实心砖则大部分是东汉的产物。河南画像砖的图像多数是经小型印模反复印压而成，它将多个（组）的图形压印在同一砖面上，构成新的图案。这种经组合而成的画像是河南画像砖的主要样式，还有一些是由一个印模压印出的砖是独幅画像。形体大的、中等的与南阳画像石风格相近，小的与四川画像砖样式相似。

如郑州南关出土的两件画像砖，画面有机组合成一幅完整的宅院建筑图：大门树立高阙，围墙由猛犬守卫，一队骑士正通过大门驰向内庭，内庭有内墙和门楼，园中遍植树木并有朱雀回首振羽林中，主

校猎·聂政自屠画像

人则凭栏端坐于阁楼。这些房屋、骑士、动植物都是分别制模按印在砖上的。而在新野发现的东汉早期画像砖，形体较小，画面则是用一个整模捺印而成的，富有浮雕趣味。

河南画像砖的内容和艺术形式十分丰富，属西汉晚期的画像砖以表现建筑、植物和活动于其中的人物以及武吏田猎的内容为主。如洛阳出土的画像砖以佩剑持戟的官吏与马、张弓射猎、挽虎逐鹿为中心图像，间以朱雀、桑树、梅花，画面布局疏朗，阴刻的线条简直、圆韧，反映出汉代崇尚雄浑气魄的审美情趣。东汉的画像砖内容题材更为多样化，有乐舞、击剑、车马、射猎、宫阙、羽人驭龙、西王母以及各种飞禽走兽等内容，是当时贵族奢华生活的反映和社会思想意识的形象表达。如郑州、禹县等地出土的作品，装饰性强，一块砖面有数种花纹图案，有些还在图案的组合中表现出一定的主题意识。这些东汉画像砖有阴线刻、阳线刻和体面较明确的浅浮雕多种雕刻方式，或以花纹环绕外围，或以图像与花纹交织，或将图案重复造成密集的效果。出土于南阳的东汉中期以后的画像砖，一砖一画，主题鲜明，有斗兽、杂技和历史故事的内容，造型风格与南阳画像石相近。其中新野出土的方形砖人物造型细瘦，已见魏晋风格的端倪。

河南画像砖的花纹图案有同心圆、菱形、树形、乳钉形纹，间杂有单个物象的鱼纹、鸟纹、变形蚕纹，还有少量的吉祥语及纪年文字。

河南画像砖的出土，对研究汉代的墓葬制度和艺术的发展，以及当时社会生活面貌、意识形态提供了极好的原材料。

曹操病逝

汉建安二十五年（220 年）正月二十五日，政治家、军事家、诗人、一代霸主曹操在洛阳病逝，终年 66 岁，葬于高陵（今河北临漳西南）。

曹操，字孟德，小名阿瞒，沛国谯（今安徽亳州）人。20 岁被推举为孝廉，后因镇压黄巾起义有功升为典军校尉。建安元年（196 年）在国都许昌

魏孔羡碑

迎接汉献帝刘协，"挟天子以令诸侯"，相继削平吕布、袁绍等割据势力，统一北中国，使北方经济得到恢复和发展。建安十三年（208年）进位相国。二十一年（216）被封为魏王。

曹操崇尚申韩刑名之学，赏罚严明，终身致力于重建和强化中央集权。用人不拘一格，唯才是举，知人善任。推行屯田制，兴修水利，使汉末凋敝的北方农业生产有所恢复。提倡节俭，且以身作则，蔚成俭朴的社会风气。曹操善于用兵，精于兵法，著有《孙子略解》、《兵书接要》等书。擅长诗歌，作有《蒿里行》、《短歌行》、《步出夏门行》、《观沧海》等篇，散文也清峻质朴，《让县自明本志令》是其代表作。他的诗文开建安文学清峻、通脱的风气之先声，是"建安文学"的代表作家之一。

汲冢竹书出土

晋咸宁五年（279 年）十月，汲郡人不准盗掘魏襄王冢，盗得古竹简书 10 车。

不准盗得的一大堆竹简书中，有魏国书"纪年" 13 篇，记叙夏朝以来至魏安釐王 2000 年事，其中所叙之事与经传所载的有很大出入，是一笔很值得研究的宝贵历史财富；有《穆天子传》等 5 篇，叙周穆王游行四海之事；另外还有其他一些书总共几十篇，整个竹简书加起来大概有 10 余万字。竹简上的字都是蝌蚪文，是用漆书写在竹简上的，每片竹简写有 46 个字。因年代久远，加上盗墓者破坏，墓中挖掘出来的竹简多数

晋木简

简札散乱，残缺不齐，竹简出土以后，司马炎（晋武帝）下令将它收藏起来，由学者荀勖、和峤、杜预等人略加整理，依据竹简提供的材料整理出 15 部，87 卷。在荀勖、和峤之后，卫恒、束晳相继完成最后的整理工作，并把它译成今文。总共花了十年时间，终于整理出了《穆天子传》、《竹书纪年》、《汲冢琐语》3 部书。

西晋牛耕壁画

西晋牧马壁画

东晋石刻线画复兴

石刻线画是两汉画像石盛极一时的产物，其法是在打磨平整的石面，以单线刀刻画出各种人、物图像。石刻线画有阳刻线和阴刻线两种；但阴刻线施刀容易，所以完全占据了统治地位，其拓片效果则是黑底上的白线描。

石刻线画在西汉时较为流行，西汉以后，由于凸雕、圆雕技艺的成熟，石刻线画逐步被摒弃不用，更多的保留于凸雕上的局部细节刻划，如人物五官、衣纹褶皱等。但石刻线画自汉末之后的衰落有更深刻的原因，那就是墓葬画像石的不再流行。

经营石墓葬要求有雄厚的财富，而且每经营一墓，无不费时殚力，所以它实际上只有当社会比较安定繁荣时才能存在。自东汉末至西晋，战乱迭起，四境不宁，豪宗强族往往破落，可以说，整个社会都已经缺乏财力和心绪再经营奢华的石墓葬，作为石墓装饰的石刻线画失去

晋代天水赵氏墓碑画像。墓碑尖首圭形，碑身两侧各刻供养人一。

了最重要的载体，也就不免逐渐湮灭了。

自东晋建都建康（南京）之后，江南相对稳定了一段时期，经济逐步恢复发展，加上原西晋的豪门大族纷纷南迁，一时间，昔日的种种繁华景象又在江南重现，工艺美术因此也得到相应的发展，西域文化的传入亦影响了艺术的技法和题材。当豪奢的砖、石墓葬再度盛行时，石刻线画也就得以再生了。

刚复兴的石刻线画总体来说力量还比较幼弱，题材除了汉代的神话故事及青龙、白虎、朱雀、玄武四灵图外，拓展并不多。出现的新作中比较有名的是《竹林七贤图》，各种仿刻本极多，显然是当时比较流行的一种题材。现存的一幅残石旧拓本上，仍可看出画中人物形貌高古，线刻精确无失，体现了晋代工匠技艺上的造诣。

当时石刻线画不仅刻于石上，还刻于砖上。在江苏出土的《折边高帽人物像砖》上，就以熟练的刀法刻画了一个形貌狰狞、令人惊惧的胡人像，匠人运用粗犷的线条，信手勾勒、笔姿流畅，趣味盎然地反映了当时社会生活的一个小小侧面。

东晋是石刻线画复兴的一个开端，随之而来的南北两朝的石刻线画，才标志着一个时代中线描艺术的高峰。

河西墓葬多画像砖

魏晋时期，中原地区的豪宗强族多已逐渐衰微，但是在河西地区，封建割据的坞堡还在发展，因而大量的整齐的墓葬群也在这一地区出现。

所谓河西即指酒泉、敦煌一带地区。当地墓葬的最大特点是聚族而葬，并且均为凿建于戈壁砾岩上的有斜坡墓道的洞室墓。在墓室中有题材多样的画像砖和壁画，大抵早期的墓室壁上的画是每砖一画，若干砖组成一组有机的画面，到十六国时期，则单幅的画像砖被布满整个壁面的壁画所替代。

值得说明的是，魏晋时期整个社会的艺术风气仍倾向于写实，是写实技巧进一步深入的时期。在这个阶段里，上层的专业画家和当时的民间画家，无论在绘画风格上还是在技巧水平上，都逐步拉开了很大距离。上层画家越来越致力于追求精巧细致的宫廷式风格，而画工们则还继续保持着他们淳朴质厚、不假修饰的民间审美情趣，出自他们手中的画像砖，依然保留着汉代遗风。

河西画像砖保留了汉代画像砖的许多题材，而以墓主生前的地位和生活为主要铺排内容。画像砖既表现墓主的宴饮、奏乐、庖厨，又描绘其居室内的女侍、丝束、衣物，还有庄园里的耕种、采桑、打场、放牧的场面，和城堡、营垒、步骑兵的画面。

在砖的砌法上，河西画像砖有其特色，它们多嵌砌于墓室内壁。画砖的砖面横置，四周勾以红赭色边框，壁面上一般嵌砌 4 层至 5 层。整个壁面包含了一个或几个主题下的多组画面，每一组画面又是由若干单幅画砖构成的。

这些画像砖笔法粗放、设色简单，还保持着我国早期绘画那种写实技艺，和那种天真烂漫、朴质纯净的审美趣味。

晋庄园生活砖画

北朝石刻线画成就斐然

　　南北朝时期，游牧民族在北方建立起了少数民族政权，其统治者崇奉佛法，大量吸收了当时外国（主要是印度）宗教画家传来的佛教艺术；同时，他们又向往着南朝文化的秀丽繁盛，积极开展南北交流，因而北朝的艺术中少数民族与汉族的这两种差距甚大的艺术技巧和审美因素水乳交融，形成了独具魅力的新的艺术风格。北朝无论石雕、石刻都成就斐然，就石刻线画而言，其流传佳作足以代表那一时代我国绘画中线描艺术的至高水平。

　　北朝石刻线画的骄人成就，首先托赖于佛教石窟的大规模开凿和佛教造

东魏佛传故事线画

像碑的盛行。最早的北朝石刻线画保存在佛教石塔上，各种石窟中的佛座、壁龛，也是绘刻线画的主要地方。主要题材有佛像故事图等等；各种佛教和西来文化的图案，也遍布其间，如莲花、宝相花树、护法狮子、西域杂技等等，都很常见。在这些佛教石刻线画的演变中，形象地展示了外来文化和本土文化的融汇和发扬光大。

北朝石刻线画艺术的发展，也有赖于当时社会的厚葬风气的兴盛，使石刻线画自两汉以来，又一次在墓室、石棺、墓志上找到自身用武之地。而魏晋两朝禁止民间私立碑石，也使碑刻画像转向地下发展。

北朝尽管佛教盛行，但大乘佛教的西方极乐世界之说尚未流行，西方极乐教主阿弥陀佛也还未被信仰，因而道教的升仙不死

北魏礼佛图线画佛座

之说仍是对人们死后的最大慰藉，成为地下石刻线画的主要题材。这方面的代表作布图雕刻均比前代更为考究：石棺两侧，是墓主夫妇乘龙跨虎在羽士指引下的升天图，左右有异兽祥瑞簇拥，上有云火，下有草木，棺上还有四灵图像以明方位。

地下石刻线画的另一题材则是行孝故事，因为情节性强，造型细密可观，因而这种孝子图几乎原封未变地流传至明代。

北朝的作品里还保留了当时的社会生活图景，如商旅驼运图、商谈图等等，都是当时东西贸易深入发展的特有产物，因而也具有更浓的生活风味和写实气息。

北朝石刻线画有如此成就，和当时名画家的指导干预是分不开的，当时的名雕刻家蒋少游、名画家曹仲达都曾从事石刻艺术和经营佛教题材。曹仲达的人物衣褶紧密贴身，如沐罢出水，有"曹衣出水"之称。这种精细匀称的绘画，一直为当时的石窟造像所采纳。而由名画家带动的南北交流，更是对石刻线画的良好推进。

娄睿墓壁画代表北朝绘画水平

南北朝时期，入主中原的北方少数民族因大肆佞佛而普遍崇尚厚葬，皇室贵戚的陵寝修建得十分宏丽，其中绚烂的墓壁彩绘，反映了北朝高超的绘画艺术水平，北齐外戚娄睿墓壁画堪称代表。

娄睿墓位于今山西省太原市晋祠王郭村，发掘于1980年—1982年，墓主娄睿是北齐武明皇太后的内侄，生前曾任大将军、大司马、东安郡王等职，入葬于武平元年（570年）。该墓是由封土、墓道、甬道和墓室4部分组成的砖构单室墓。

墓中壁画共71幅，总面积200.55平方米，其内容主要有两大部分，即对墓主人生前奢华的生活场景的描绘，分布于墓道、天井、甬道和墓室9壁下层；而表现其死后升仙虚幻境界的内容则分布于甬道、墓门及墓室中、上层。

综观娄睿墓壁画，画面宏伟壮丽，手法写实，生活气息浓厚，风格单纯、粗犷，线条遒劲洗练，注重人物的神采和动态，晕染法运用得相当纯熟，以淡红晕染，突出凹凸明暗的立体效果，具有实体和空间感。更具特色

北齐娄睿墓仪卫出行

的是其构图组成了人间生活、古代神话与儒道释合流的艺术长卷，融合了外来的艺术成分，丰富了民族绘画的表现技法，但保持了单线勾勒、重彩填染的中国传统绘画特点。

北齐娄睿墓仪卫出行

佛驮跋陀罗卒

　　南朝宋元帝元嘉六年（429年），佛驮跋陀罗病逝于建康，终年70岁。

　　僧佛驮跋陀罗（359年—429年），简称佛驮跋罗，意译觉贤、佛贤，北天竺迦毗罗卫国（今尼泊尔境内）释迦族人。他17岁出家，以精于禅定和戒律出名。弘始十年（408年）左右佛驮跋陀罗随智严经海路抵青州东莱郡（今山东掖县），并游抵长安（今陕西西安西北郊）。后因遭鸠摩罗什弟子排挤，他被迫自长安南下，于义熙十一年（415年）到达建康（今江苏南京）。第二年再前往道场寺传习佛法，并与法显、法业等共同译经，先后译出《泥洹经》、《摩诃僧祇律》、《大方广佛华严经》（60卷本）等13部，125卷。所译《华严经》对此后中土华严宗的创建有很大影响，而《摩诃僧祇律》作为佛教的重要戒律经典，译成华文后对佛教的传播起了很好的作用。

邓县画像砖制作精美

画像砖、石在汉代曾并驾齐驱，擅美一时，但因石墓耗工巨大，制造殊为不易，所以画像石自汉末战乱年代就逐渐不再流行，画像砖艺术则随工艺的进步继续向前发展，在魏晋南北朝时期又取得新的辉煌成就。

一直以来，画像砖主要被用于描绘墓主生前豪奢淫逸的生活、死后归于极乐的情景，和描绘各种守护亡灵的异兽、引导亡魂升仙的神灵，再则就是表现儒家各种社会伦理道德的人物画和历史故事图。但是，随着求神仙理想的逐步破灭，以及东汉王朝灭亡导致儒家统治的放松，佛教信仰开始在社会

邓县出土的南朝牛车画像砖

上蔓延了。到了南北朝时期，佛教盛行于中土大地，它不仅极大地影响了当时的思想文化领域，也同样极深地渗入了各种艺术范畴里，于是，画像砖从汉代传统题材里解脱出来，在对旧题材适当保留的基础上，以极大热忱投身于为佛家思想服务的领域，出现了大量反映佛教内容的精美作品。在河南邓县的南朝画像砖上出现了神采奕奕的飞天画像，还有生动传神的佛祖化生图像；在墓室里，墙壁和甬道是用精美的莲花纹砖和忍圣图案砖所砌成的；这些内容和图案纯粹是佛教文化的产物，足以反映出当时佛教盛行的情况。邓县画像砖的技艺比以前更为进步，出现了由几块砖砌成一个画面的工艺。比如，墓室内的砖柱下部画的都是小冠大履手持刀的侍吏，这些画每一幅都是由5块砖（上下两块用砖面，居中三块用砖侧）组成的画面。

南北朝陵墓雕刻艺术复兴

南北朝时期雕刻艺术盛行，其中一个重要方面是陵墓雕刻艺术复兴。

偏安江南的宋、齐、梁、陈四代帝王，着力恢复汉代陵寝制度，帝王陵墓以石兽、石碑、神道石柱（又称华表）列置于神道两侧，构成特定的纪念性氛围。

宋、齐石刻限于帝陵，地面雕刻仅存石兽，碑与华表都因年代久远而荡然无存。宋武帝刘裕初宁陵今存一对石麒麟，坐落在南京麒麟门外，虽有不同程度的残损，但仍保留了基本特征：头顶生角、昂首张嘴，胸颈斜突向前，身躯平正，鼻短而朵颐方正，腿膊生双翼，气概高昂豪迈。这是初创期石兽雕刻的形态特点。

齐代石兽雕刻发生了很大变化，兽身向高大发展，雕刻也更加精巧，石兽颈长腰细，胸部鼓圆前突，身躯扭动起伏有腾骧之势。齐武帝景安陵石麒麟，鹅颈咧嘴作吼啸之状，体躯起跃有奔行之势，双翼线刻流畅，鬣须纷披，翼端有长翎，更加强石兽的轻灵感。

梁朝陵墓石刻最盛，封陵刻石范围广及王侯。陵墓制度排列严格对称。大到总体对称布局，小到石兽体态动势呼应，即使神道柱额文字也相对而为正书顺读和反书逆读。石兽的雕刻更突出宏伟豪迈的气势。如武帝陵石麒麟，昂首天边，雄踞一世；萧宏墓石辟邪，雄视阔步，浑身充满力量，风格从装饰趋向写实，增加了真实感。萧正立墓前一对石辟邪，注意到两只石兽间的联系和情感交融，雄性英俊，吐舌扬长而来；雌性略作蹲态，似有所等待，并着意刻画它丰满、温柔的母性特点，艺术风格在统一中有变化。梁代陵墓石刻尚存有碑刻和神道石柱，反映了当时吸收国外文化因素，融汇佛教与汉

在今南京市存留的南朝石刻

代文化传统所形成的艺术风格。

　　南朝陵墓雕刻整体气势可与汉代石刻相比，既吸收外来营养又有创新，样式风格之中既有古印度、希腊、波斯艺术因素，又仍具汉代石刻遗风，品类更加丰富。

　　北朝陵墓地面石刻不如南朝风行，今存实物仅有十六国夏的石马，作伫立状，前肢直立，后肢微曲，类似西汉霍去病墓前石马而造型更显骏逸。北

陈文帝永安陵麒麟

朝墓葬石刻还有石棺床、石雕柱础等。北魏敬宗孝庄帝拓跋子攸的静陵中有
"石翁仲"一具，高3.14米，头戴笼冠，褒衣博带，两手拱于胸前，持长剑，
姿态神情肃穆庄严，全身比例适度，是魏晋南北朝时期唯一留存至今的陵墓
石刻人物造像，上承东汉石人造像，下启唐陵石人造像以至宋陵石雕，具有
里程碑的重要意义。

　　西魏文帝永康陵有翼虎形石兽，造型质朴矫健；北周有石刻蹲狮，造型

南朝神柱石雕

趋于写实，这一形式的石狮为唐宋陵墓继承发展，直至明清，用以作坟墓以至宫室、石桥雕饰，影响十分深远。

对比南北朝陵墓石刻，可以看到它们的不同特色在于南朝重视墓前石刻以壮观瞻，承接汉文化传统，北朝则将佛教观念更多地反映到墓饰和随葬品中。南方地下潮湿，故多砖墓，画像砖是主要墓饰；北朝则重视石棺雕饰。从艺术风格来看，南朝秀丽、玲珑、活泼，北朝庄重、厚实、质朴。它们的共同特点是上继汉代、下启唐宋，受佛教影响很大。

齐萧道生修安陵麒麟

隋炀帝死·隋亡

隋恭帝义宁二年（618年）三月，隋炀帝部下宇文化及杀炀帝，自封丞相，隋朝灭亡。

隋炀帝第三次到江都以后，荒淫益甚，叫王世充挑选江淮美女，送到宫中，共有100多房，终日醉酒狂饮，唯恐不足。但是天下危乱，他也忧惧不安，常对萧后谈论人们要推翻他的传闻，还曾经常拿着镜子自照，对萧后说："好头颈，谁当斫之！"此时，隋炀帝无心北还，想定都丹阳（今南京）。从驾士兵大多是关中人，久别乡里，私下里想逃归，并且逃亡不止，虽严禁而不能止。隋恭帝义宁二年（618年）三月，虎贲郎将司马德戡、赵行枢等10余名近臣，恐受牵连，密谋结党西逃。宇文智及听说后献计：你们叛逃实自取灭亡，不若乘机图帝王之业。司马德戡等于是共推宇文智及兄宇文化及为主。与马文举、令孤行达等引兵入宫，列举炀帝罪状，想杀死他。炀帝叫人取来毒酒，想要自尽，未能获准，于是他自己解下练巾，授给来人，使人缢杀自己。同时被杀的还有炀帝之子赵王杲、蜀王秀、齐王暕以及隋宗室、外戚等，只留秦王浩未杀，并借皇后命令立秦王浩为帝，只命令他发诏画敕而已。宇文化及留陈棱为江都太守，自称大丞相，夺取江都百姓的船只，带兵北上，声言要打回长安。隋朝自此灭亡。

宇文化及率领10多万人西归，占有隋炀帝的六宫，身同炀帝。他信任唐奉义、牛方裕、薛世良、张恺等人，而猜忌司马德戡，以司马德戡为礼部尚书，外示美迁，实夺兵权。司马德戡愤怨，贿赂宇文智及，得将后军万余人，到了彭城（今江苏铜山），水路不通，军士负重，始生怨气。司马德戡便与赵行枢等密谋以后军袭杀宇文化及。事情泄露，宇文化及派宇文士及假装游猎，到后军抓住司马德戡，于是杀司马德戡及其同党 10 多人。宇文化及一行到达魏县（今河北大名西）时，他的部下张恺密谋杀他。事情泄露，宇文化及将张恺等人杀死。至此，宇文化及的腹心之士越来越少，兵势日渐衰弱，上下相聚宴饮，不知将往何处。八月，宇文化及杀秦王浩，称帝于魏县（今河北大名西），国号许。第二年闰二月，宇文化及在聊城被窦建德击败，身死。

隋代哀思女俑

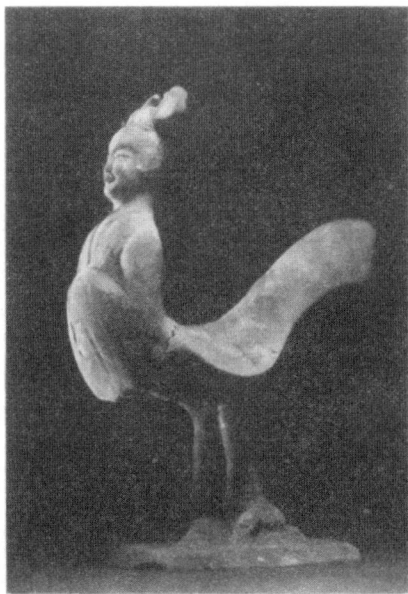

隋代人首鸟身俑

大明宫建成

大明宫是唐朝宫殿，位于今陕西省西安市城北的龙首原上，在唐朝长安城的禁苑中。贞观八年（634年）开始兴建，名永安宫，贞观九年（635年）改名为大明宫，自龙朔三年（663年）以后，是高宗以后的主要朝会场所。

据《太平御览》，大明宫所处地"北据高岗，南望爽垲，终南如指掌，城市俯而可窥"。是理想的建宫地。高宗显庆五年（660年）武则天开始参与朝政，龙朔二年（662年）命司农卿大兴宫殿，沿中轴线依次修筑大朝含元殿、宣政殿（日朝）、紫宸殿（常朝），在这三组宫殿的两侧及后部共建30余处楼台殿阁，并在大明宫北部依地形而凿太液池，池中作蓬莱山，沿池四周修建四百间周廊，形成大明宫的宫苑区。

大明宫的正殿为含元殿，位于丹凤门正北龙首原的南沿上，是唐代最雄伟壮丽的宫殿组群，重大庆典和朝会多半在此举行。含元殿始建于龙朔二年（662年），它利用龙首山作殿基，据考古发掘可知，大殿前面两侧建有翔鸾、栖凤二阁，为门阙式楼阁，下设平座于高台之上以烘托主殿，两阁由曲尺形飞廊与大殿相接，双阁的高耸与龙尾道的渐低互相辉映。大明宫另外一处重要宫殿群是麟德殿，是皇帝

唐大明宫。王朝的宫廷建筑，体现着帝王独尊的精神。图为唐长安城大明宫复原模型。

饮宴群臣、接待外宾、游乐及佛事的地方。它是由单层庑殿顶的前殿与中后殿连接，是二层楼阁建筑，大殿两侧有结邻、郁仪两楼，用飞桥接连后殿，二楼前各建亭一座，造型别致。

大明宫与隋文帝时修建而唐朝沿用的太极宫，以及开元二年（714年）兴建的兴庆宫，并称"三内"，是唐长安城内著名的三处宫殿区之一。

大明宫主殿含元殿及其后的宣政、紫宸殿三殿相重附会的"三朝"布局形制，对后来历代的宫殿布局制度产生了深远影响。大明宫是我国古代劳动人民伟大才能与智慧的结晶，反映了唐建筑技术水平及成就。它的形制、布局和建筑基址的结构对我们后代了解唐代建筑风格及历史情况提供了历史依据和形象资料。

魏征卒

魏征（580 年—643 年），字玄成，馆陶（今属河北）人，唐初政治家。先任太子建成洗马。太宗即位后，爱惜征才，拜为谏议大夫，贞观三年（629 年）任秘书监，参与朝政，校定秘府图籍。后一度拜相任侍中，封郑国公。

太宗对魏征深为信任，有时引至卧室，问天下事。魏征以讽谏出名，被誉为"前代诤臣一人而已"，屡次谏止太宗意气用事，伤民图乐，好大喜功。有时令太宗下不了台。魏征还特别提醒太宗要防微杜渐，善始善终，贞观十三年（639 年）上"不克终十渐"书，尖锐批评李世民政不如前。魏征前后陈谏二百余事。多次劝太宗以隋亡为鉴。曾提出"兼听则明，偏信则暗"；君好比舟，民好比水，"水能载舟，亦能覆舟"；必须"居安思危，戒奢以俭"；"任贤受谏"；"薄赋敛，轻租税"，"无为而理"等著名的政治谏言。其政治言论集于《贞观政要》。

贞观十七年（643 年）正月，魏征病危，太宗遣使问候，并赐以药饵。魏征卒，太宗命九品以上官员均赴丧，赠给羽葆鼓吹，陪葬昭陵。魏妻裴氏因魏征平素节俭，不接受羽葆鼓吹，只用布车运灵柩下葬，太宗谓众臣说："人以铜为镜，可以正衣冠；以古为镜，可以见兴替；以人为镜，可以知得失；今魏征殁，朕失一镜矣！"太宗自制碑文，并亲自书写在石头上。

魏征除《贞观政要》外，还著有《隋书》的序论与《梁书》、《陈书》、《齐书》的总论，主编有《群书治要》，有《魏郑公集》。

昭陵六骏刻成

在唐代开国的历次征战中，唐太宗李世民曾先后骑驰六匹骏马驰骋疆场，与之同生死，共患难。出于对这六匹战马的缅怀之情，贞观十一年（637年）十一月，唐太宗李世民命令匠师将六匹骏马的形象刻于石屏之上，并亲自为其作赞辞。后这石屏被置于安葬唐太宗的今陕西省礼泉县东北九山主峰的昭陵，称为"昭陵六骏"。镶嵌于昭陵玄武门下的六骏图，作东西对称排列，东为飒露紫、拳毛䯄、白蹄乌，西为特勒骠、青骓、什伐赤。其中现藏美国费城宾西法尼亚大学美术馆的飒露紫保存最为完好。此是李世民征讨王世充时的坐骑。在邙山之战中，飒露紫身中数箭，李世民身陷敌阵，与大军失散，护驾猛将丘行恭为该马拔出箭簇，使太宗脱险。画面即是以高浮雕手法刻画了丘行恭为马拔箭时的情节，浮雕中马前挺直，肩项高耸，丘行恭沉着镇定，双手握箭杆，暗运气力，人马动作虽不大，但处理极为含蓄，构图精练，手法异常细腻。其余五

飒露紫及丘行恭像（昭陵六骏之一）

拳毛䯄（昭陵六骏之二）

白蹄乌（昭陵六骏之三）

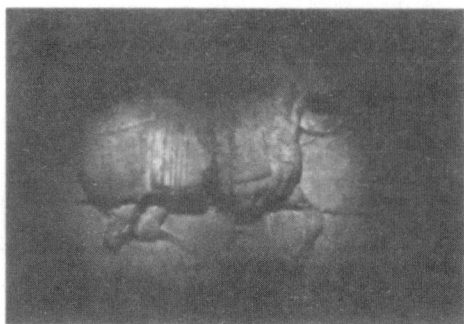

特勒骠（昭陵六骏之四）

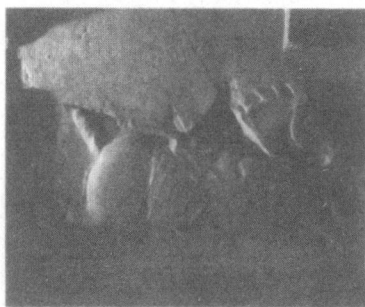

什伐赤（昭陵六骏之五）

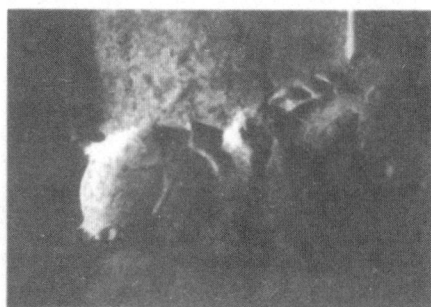

青骓（昭陵六骏之六）

骏，以独马构成画面，有站立的，有缓步款行的，有奔驰的，姿态生动，形象各异，注重整体感和大的体面关系，巧妙地运用曲直劲利的线索和微妙的起伏变化，表现出骏马丰厚强健的体魄，收到了近乎圆雕的空间感和体量感。

昭陵六骏是唐代石刻艺术的精品，代表了这一时期我国雕刻艺术所达到的水平和取得的艺术成就。

唐兴厚葬

唐代，王公贵族、大小官吏及一般平民死后都实行墓葬并风行厚葬。

唐代丧祭，多依循古礼，有发丧、出孝等程序。唐坟墓规格依身份不同，差别悬殊。如规定一品"陪陵"大臣"坟高四丈以下，三丈以上"；一品官坟高1丈8尺；庶人墓高4尺等。皇陵规模多宏伟巨大。

唐代厚葬之风十分严重。"王公百官，竞为厚葬……破产倾资，下兼土俗"。葬时，偶人像马，雕饰如生。归葬途中，设有路祭，道旁设帐，内置假花、果、粉人、食品等物。唐玄宗曾严禁厚葬，下令丧事"务从简约，凡送终之具，并不得以金为饰，如有违者，先决杖一百"，但并未收效。

安史之乱后，奢风愈炽，有的半里一祭，绵延20余里。帐幕大者竟高达80—90尺，用床300—400张。祭品精美丰盛，有的还雕木为鸿门宴等古戏，至使送葬者"收哭观戏"。唐已流行为死者烧纸钱，纸钱堆积如山，盛加雕饰。寒食扫墓也浸以成俗，并编入礼典。服丧仍以3年为限，若非遇到战事等特殊情况，不可从权。

唐金棺银椁。陕西省临潼县新丰镇应山寺遗址出土。

唐代的帝陵和"号墓为陵"的陪葬墓，在地面上有陵园建筑，它的坟丘作覆斗形；一般陪葬墓和大型墓的坟丘则多作圆锥形。绝大多数墓葬是洞室墓，里面有墓室与墓道，部分墓在墓室和墓道之间有甬道。大型墓往往还开凿有天井和壁龛。墓室一般有两种，即土洞与砖室。土洞墓的墓主一般为平民或下级官吏，砖室墓则属高级官吏和皇室成员。较大型的墓都绘有壁画。唐代墓葬的随葬品丰富，可见当时各种手工业和工艺美术是相当发达的。

墓室中，土洞墓的形制先后有明显的变化。初唐时的墓葬，墓室平面多作方形或长方形，墓室为东西宽、南北窄的横室；而盛唐与中晚唐时的墓葬，长方形墓室逐渐增多，横室墓则已消失。砖室墓的形制从初唐到晚唐变化不大。墓室平面作方形或近似方形，四周多为中部略向外凸或稍向外张而呈弧形。

唐代墓葬中的壁画，反映了唐代达官显贵们的豪华生活以及当时的社会风尚等等，体现了唐代的绘画水平。